Selected Poems

Also by Eduardo Moga

POETRY
Ángel mortal (1994)
La luz oída (1996)
La ordenación del miedo (1997)
Diez sonetos (1998)
El barro en la mirada (1998)
Unánime fuego (1999)
El corazón, la nada (1999)
La montaña hendida (2002)
Las horas y los labios (2003)
Soliloquio para dos (2006, with José Noriega)
Cuerpo sin mí (2007)
Los haikús del tren (2007)
Seis sextinas soeces (2008)
Bajo la piel, los días (2010)
El desierto verde (2012)
Insumisión (2013)
Dices (2014)
Décimas de fiebre (2014)
El corazón, la nada (Antología poética 1994-2014) (2014)
Muerte y amapolas en Alexandra Avenue (2017)

AS EDITOR
Los versos satíricos. Antología de la poesía satírica universal (2001)
Poesía pasión. Doce jóvenes poetas españoles (2004)
Medio siglo de oro. Antología de la poesía contemporánea en catalán (2014)

PROSE
De asuntos literarios (2004)
Lecturas nómadas (2007)
La pasión de *escribil*. Relato de tres viajes a Hispanoamérica (2014)
Corónicas de Ingalaterra. Un año en Londres (con algunas estancias
    en España) (2015)
La disección de la rosa (2016)
Apuntes de un español sobre poetas de América
    (y algunos de otros sitios) (2016)
Corónicas de Ingalaterra. Una visión crítica de Londres (2016)

Eduardo Moga

Selected Poems

edited by
Luis Ingelmo

translated
from Spanish by
Terence Dooley

Shearsman Books

First published in the United Kingdom in 2017 by
Shearsman Books
50 Westons Hill Drive
Emersons Green
BRISTOL
BS16 7DF

Shearsman Books Ltd Registered Office
30–31 St. James Place, Mangotsfield, Bristol BS16 9JB
(this address not for correspondence)

www.shearsman.com

ISBN 978-1-84861-531-1
Original text copyright © Eduardo Moga, 1996–2017.
Translation copyright © Terence Dooley, 2017.

The right of Eduardo Moga to be identified as the author, and of
Terence Dooley to be identified as the translator, of this work
has been asserted by them in accordance with the
Copyrights, Designs and Patents Act of 1988.
All rights reserved.

ACKNOWLEDGEMENTS
The poems in this volume originally appeared in
the following Spanish volumes:

Ángel mortal (Ediciones del Serbal, 1994); *La luz oída* (Ediciones Rialp, 1996); *La ordenación del miedo* (Ediciones Trujal, 1997); *Diez sonetos* (1998); *El barro en la mirada* (DVD Ediciones, 1998); *Unánime fuego* (Tema, 1999; Luis Burgos Arte del Siglo XX, 2007); *El corazón, la nada* (Bartleby Editores, 1999); *La montaña hendida* (Bassarai Ediciones, 2002); *Las horas y los labios* (DVD Ediciones, 2003); *Soliloquio para dos* (La Garúa Libros, 2006); *Cuerpo sin mí* (Bartleby Editores, 2007); *Los haikús del tren* (El Gaviero Ediciones, 2007); *Seis sextinas soeces* (El Gato Gris Ediciones de Poesía, 2008); *Bajo la piel, los días* (Calambur Editorial, 2010); *El desierto verde* (El Gato Gris Ediciones de Poesía, 2011; Editora Regional de Extremadura, 2012); *Insumisión* (Vaso Roto Ediciones, 2013); *Dices* (Arola Editors, 2013; Libros en su Tinta, 2014); *Décimas de fiebre* (Los Papeles de Brighton, 2014); *El corazón, la nada (Antología poética 1994-2014)* (Amargord Ediciones, 2014), *Muerte y amapolas en Alexandra Avenue* (Vaso Roto Ediciones, 2017).

Contents

from *Mortal Angel* (1994)

    II   9

from *The Light Heard* (1996)

    The sea is the first word, blue, sedentary   13

from *The Ordering of Fears* (1997)

    V   21

from *Ten Sonnets* (1998)

    Like a bird from a dream, like a windfall   27
    Had you surrendered your aristas   27
    Now I can hear your flesh, the splendour   29

from *A Blindfold of Mud* (1998)

    III   31
    IV   33
    V   35

from *Unanimous Fire* (1999, 2007)

    IX   41

from *The Heart, Nothing* (1999)   43

from *The Cloven Mountain* (2002)

    VI   47
    XX   49

from *Hours and Lips* (2003)

    III   51
    XX   53

from *Soliloquy for Two* (2006)

    Tell me, soul, what chisel you used   57

From *Body Without Me* (2007)

    I   67
    IX   71
    XI   77
    XIII   83
    XX   89

from *Train Haikus* (2007)   93

from *Six Erotic Sestinas* (2008)

    II   97

from *Beneath the Skin, the Days* (2010)

    IX   101
    XXXI   105

from *The Green Desert* (2011, 2012)

    Drought infiltrates the eyes   111
    The landscape is a slow mastication of stone   113
    This is a stone house, once a shelter for animals and grain   113

from *Disobedience* (2013)

    This silence is, again, words   117
    In Praise of the Wild Boar   133

from *You Say* (2013, 2014)   141

from *Fever, Decimas* (2014)

    Time is by no means a river   145
    I know one day I shall be dead   145
    The people who pass by me   145
    Beyond the senselessness   147
    The affirmer lives in fear   147
    This moment lives forever   147

from *Death and Poppies in Alexandra Avenue* (2017)

    Alone, a chalky shadow, anyone   149

De *Ángel mortal* (1994)

II

    Es tibia la oscuridad que nos alumbra:
reminiscencia intacta de eucalipto,
      rumor de piedra sobre piedra.
Y, en un andamio de silencio, labiales caminares,
   duermevela.
              Cuántas noches transparentes.
              Cuántos cuerpos apresados bajo otros cuerpos.
Cuánta cárcel callada, cuyos límites exactos solo conoce el semen.
La noche, cruda, se agrieta como el agua y deposita algas, cavidades,
en tu perfil de fruta. Mas luego se resquebraja por la presión de la mirada
   y sus pedazos caen dentro de ti como partículas de sombra
        o zócalos celestes.
Bajo su lluvia desmoronada, las formas recuperan su principio
   y culminan tus huesos inminentes,
             fulgen como eslabones de fósforo.
      El tiempo se contrae y se expande:
        se transforman en calígae tus zapatos breves;
los hombres aran la tierra con las armas que tú has tocado;
tus nervios nutren los ilícitos fuegos, cuyas lágrimas salinas rebasan la piel
   y se te enredan en las córneas deshojadas;
        despides al hijo arrebatado por sórdidos conflictos coloniales
        y, años después, acudes a los muelles a recoger su pobrísimo
                            [cadáver;
te mantienes cóncava frente al pelotón de fusilamiento
   (uno de los miles que, en todos los continentes, en todos los
                            [amaneceres,
   han debatido las ideas libertarias, nacionales, restauracionistas,
   democráticas, científicas, koljosianas;
   o bien el único, tentacular pelotón que ha enfrentado siempre
       a los hombres)
       para que las balas no se alejen,
     para que se fundan en ti los témpanos que surjan de las bocachas.
En sus nexos cronológicos, tus pétalos, proclives al silencio, se comban
                           [suavemente:
son líneas que gimen como la hierba, voces de niños ahogados en el cemento,

from *Mortal Angel* (1994)

II

    The dark is warm and washes us with light:
a reminiscent eucalyptus scent,
                the sound of stone on stone.
And, on silent scaffolding, lips walk,
        half-awake.
So many gauzy nights.
                Such bodies under bodies.
Such hushed imprisonment, whose limits only semen knows.
The raw night splits like water, deposits algae,
                hollows in your profile soft as fruit.
But then it cracks under the gaze
        and bits of it fall into you, motes of shadow,
              or heavenly wainscot.
Under its eroded rain, shapes reinstate their
        and complete your imminent bones
              dazzle like links of phosphorus.
        Time contracts and expands:
            your flimsy shoes are caligae;
men plough the land like swords touched by your hand;
your sinews feed illicit fires, their salty tears
        exceed your skin, become entangled in
            your leafless corneas;
                you bid farewell to the son
        torn from you by sordid colonial wars
and, after years, you go to the wharf to fetch
his raddled corpse; you stand hollowed before
                the firing squad
        (one of the thousand firing squads each dawn
        on every continent who obliterated
        libertarian, nationalist, restorationist,
            democratic, scientific, collectivist ideas,
or else the one tentacular firing squad men always face)
              so the bullets don't miss,
            so the icicles from the canons melt in you.
Your petals, preferring silence, droop in their chronologies:

      perros con ojos de cebada,
                sólidos discursos de los que hoy solo quedan unos pocos
                                                [susurros mojados.
Un rumor mineral, una querencia de asfalto traba
brumas y dientes, gargantas y pasos,
      como junturas de un organismo múltiple
            donde solo cabe el tañido de las células.
La ciudad, diurna siempre, se concibe vertical y voladora.
La ciudad alimenta a sus hijos mediante la analogía y la rapiña.
La ciudad no puede sujetar sus latidos y confunde sus formas con
                                                [penínsulas.
                Y mientras a nuestro alrededor se despliegan
    con estrépito las simas, las modernas guadañas,
        nosotros nos oímos manar, nos pisamos por dentro,
sembramos la carne de minutos, y de repente sentimos, por un desnudarse
                                                    [el aire,
    por la súbita inanición de la mirada,
      que ya viene, quieta, el agua,
            el agua sin lados, sin contradicciones,
el agua que no puede arder, que solo contiene mar, distancia.
      Qué oscuro amor junto a ella.
      Qué incesante hallazgo.
Dame la mano. Y caminemos —yo, en tu espejo—
      en son de vuelo.

they are lines that moan like grass, voices of children drowned in cement,
    barley-eyed hounds,
        solid discourse reduced to wet sporadic whispers.
A mineral rumble, a tarmac nostalgia fix
fog and teeth, throat and footsteps
    as joints of a multiple organism
        with nothing in it but the toll of cells.
The city, always daylit, imagines itself erect, winged.
The city feeds its children analogy and pillage.
The city's pulse beats uncontrolled. It misreads its forms as peninsulae.
        And while, around us, abysses, modern scythes
    noisily unfold,
        we listen to our emanations, we stamp on our insides,
we sow our flesh with minutes, suddenly we sense in the nakedness of air
    in eyes gone blank,
        the water rising motionless,
            the sideless incontrovertible water,
unigniteable, with only sea in it and distance.
    What dark love at its edge.
    What endless revelation.
Give me your hand. Let's walk on – I in your mirror –
    as if we were flying.

De *La luz oída* (1996)

[...]
El mar es la primera palabra: su sedente
azul, como una inmensa saliva, delimita
los rostros, los teléfonos, los orgasmos más crueles,
las clavículas solo pensadas, las retinas
que verán tanta muerte. Se cierran los paréntesis
que no tuvieron nunca principio. La energía
de los cuerpos derriba el agua. Algas que no
existían respiran entre lunas carnívoras.
Se completan los bosques mutilados. Miríadas
de vínculos, igual que partos desbocados,
empapan las espaldas desiertas. Uva y fuego
tienen las mismas dudas. El mercurio es hermano
de todos los olivos, de todos los ancianos.
Pan multitudinario en la aciaga mirada
de los reptiles; súbitos juncos en las orillas
donde nunca hubo libros; garras en las pupilas
de las lampreas; grietas en la alta quemadura
del cuervo; hematomas que nada significan,
salvo, si acaso, olvido. Los fósiles regresan:
sirenas con durísimos recuerdos, embriagadas
de alas, dejan la lúgubre arcilla en que nacieron,
remontan las oscuras cataratas y viven,
en pura latitud, como besos que oscilan.
Los cuerpos no separan: articulan las ondas
que emite la materia, apaciguan la pleura
insurgente, conquistan los pétalos erectos,
avivan la memoria de la espada, refuerzan
los nudos del ciempiés y del bosque varado
[...]

from *The Light Heard* (1996)

[…]
The sea is the first word, blue, sedentary,
like a vast saliva, outlining imaginary
faces, telephones, cruel orgasms,
the idea of collarbones, retinas meant to see
so many deaths. Parentheses closed
before they opened. Bodies demolishing
water. New algae breathing between
flesh-eating moons. The amputated
woods complete. A myriad chains,
like new-borns unleashed, soak
desert backs. Grapes and fire
hesitate alike. All the old men,
all the olive-trees are brothers
of mercury. Bread teeming in
the ominous gaze of the reptile,
sudden reeds on river-banks
where no book ever was; claws
in the pupils of lampreys; cracks
in the high burning of the crow;
hematomas without a meaning,
unless they mean oblivion. Fossils
return: sirens haunted by memory, drunk
with wings, leave the sombre clay
of their birthplace, climb the dark
waterfalls and live, in pure latitude,
like flickering kisses. Bodies
don't break up, they articulate the waves
emanated by matter, they quell
the riotous membrane, they vanquish
erect petals, revive the sword's
memory, strengthen the knots
of the centipede, and the beached wood
[…]

Dentro de las palabras hay grumos, floraciones
equívocas, otoños llenos de asma y preguntas.
Dentro del cristal se oyen detonaciones muertas.
Hasta la rosa, eterna, es su contrario. Así,
todas las sombras tienen nubes; todas las luces,
agua; todas las muertes, labios. Todo es, a un tiempo,
conyugal, paralelo, porque en el paladar
del niño cabe el asta del remoto narval,
y en el centro de pie, la leche de los péndulos,
y en la quilla del cedro, casas enfurecidas;
euritmia del gusano que se libra del pico
de la paloma que huye de las flechas que arrojan
las encinas que arraigan en el vuelo del pez
que nace en los pezones del volcán que arrastra
el caudal que se quema en los bordes del aire
que menea las brújulas que penden de los juncos
que andan por los caminos y nutren con sus pulpas
a los gusanos. Es el orden que se alza,
como una glaciación, un reloj de palabras.
[…]
    El hombre
lleno de anclas, creía posible el beso; lleno
de antígenos, creía levitar; con el pulso
tumefacto, juzgaba eterna el agua. En cambio,
el nexo que lo unía, como un sudor perfecto,
con sus hijos terrestres se relajaba: luz
callada, adolescentes negándose, demonios
que se nutren de brea, napalm en las corolas.
En el semen caótico, los truenos se amotinan,
los perros se disputan la adelfa más precoz,
los motores se excitan como cárcavas. Nadie,
ni el mar, está seguro de haber nacido. El hombre,
temeroso del yo, saciado del yo, herido
por sus propios satélites, arrancado del viento
que lo amó, sin acequias, sin pies ya, ignorante
para siempre de cuántas criaturas delicadas
viven en su interior, devino teorema:
en su habla, inanición; en su nacimiento, úlceras;
su fe quería ser idea, mas solo era

Within words are clots, ambiguous
blossomings, autumns filled
with asthma and enquiry. Within
glass dead explosions are audible.
Even the eternal rose contains
its contrary. So, every shadow
has its cloud, every light its water,
every death a voice. Everything is
simultaneously conjugal and parallel,
because on a child's palate there is room
for the distant narwhal's tusk,
and room in the arch of his foot, the milk
of pendula, and, in the keel
of the cedar, furious houses,
eurhythmics of the worm who struggles free
from the beak of the dove escaping
the arrows of the oak taking root
in the winged fish, born in the volcano's
nipple, dragging its lava to burn
on the rims of the wind, scrambling
the compasses hung upon wandering
wayside reeds feeding worms
It is order rebelling, an ice-age,
a clock of words.
[...]
    Man
full of anchors, believed kisses possible; full
of antigens, believed he levitated; with a swollen
pulse, judged water eternal. But, no, the nexus
unifying him, like a perfect sweat,
with his earthly children was loosening, stilled
light, adolescents cancelling themselves, devils
whose diet is tar, napalm on petals.
In the chaos of semen, thunderbolts riot,
dogs fight over the earliest oleander,
engines churn like water-pits. No-one,
not even the sea, is certain
of having been born. Man, afraid of himself,
sated of himself, hurt by his own

suspiro inerte, boca manchada de olvido.
[...]
    Cese
la demolición, cese el ruido laberíntico
de los mineros, cesen los termómetros, cese
la frágil escalera. Que los hombres olviden
su flaqueza, que sean íntegros como el loto
o la uva, que no sufran por que la nafta viva
todavía: sus mares son impunes, es cierto,
sus esquinas ocultan magníficos mendigos,
pero en todo barco hay una estiba de cielo.
Espera, ser: que no se enfríe el polen. Que hablen
quienes se han escondido bajo el maíz: que expliquen
cómo naufragó el ónice, cómo murió la tórtola,
cómo pudo parir tanta química absurda
aquel niño total. No agonicéis, pétalos.
Cráneos, no os cerréis. Que las cosechadoras
pisen la carne extinta como si fuera un siglo.
Que las hortensias no dejen las bibliotecas,
que sus pestañas no imiten al esclavo,
que sus virus impliquen labios, que haya húmeros
felices. Torres, fechas: resistid. Si las venas
decaen, morirán las piedras. Si el céfiro
calla, ningún palacio será posible. Todo
quiere aún existir, todo anhela un lugar
donde instalar su voz. Espera, ser. Respira
como si aún tuvieses vigías en los ojos.
Báñate en el veneno que pretende agostar
los arrozales. Haz que todas las pistolas
quepan en un dedal, que la pizarra expulse
sus flemas, sus aliagas, como si las envolviese
un bíceps implacable. No te vayas. Consigue
que el tordo se duplique, que al mosquito le crezcan
ramas, que las morenas huelan a eucalipto.
Porque hay silencio y mueren las lluvias inmortales.
Porque los leucocitos conocen nuestra edad.
Porque la vida está en las bodegas, dándonos
barro y milagros, viéndonos temer, compadeciéndonos
por tanta disección, por tantísima espuela.

satellites, torn from the arms of the wind
that loved him, lacking irrigation, lacking
a foothold, forever ignorant of all
the tender creatures he contained, became
theorem: in his speech, blankness; in his birth,
ulcers; his faith struggled to become an idea,
but was only a lifeless sigh, a mouth stained
with oblivion.
[…]
    An end
to demolition, an end to the labyrinthine din
of miners, an end to thermometers and
the fragile stair. Let man no more consider
his weakness, may he be whole as lotus
or grape, may he not suffer so because naphtha
endures: his oceans go unpunished, true,
their corners hide magnificent mendicants,
but every ship carries a cargo of sky.
Hold on, creature, or pollen catches cold.
Let those who lie hidden in the corn speak,
explain the shipwreck of the onyx, how
the sweet dove died, how that utter child
begat such chemical absurdity. Petals, don't wither.
Skulls, don't close your gates. Let combine-harvesters
crush flesh extinct as an age. May the hydrangeas
stay on the bookshelves, and their eyelashes
not mimic slavery, their viruses hint at lips.
May there be happy humeruses. Towers, days,
stand firm. If the veins fail, stones will die.
If the zephyr is silenced, no palace can be built.
Everything wishes to stay alive, everything
longs for a place for its voice. Hold on,
creature. Breathe as if
you still had watchmen in your eyes.
Bathe in the poison intended to burn dry
the paddy-fields. Make all the guns
fit into a thimble, make slate spit out its phlegm,
its furze, as if compressed by an ironclad
arm. Don't go now. Allow

Siempre lo hemos sabido: somos error, error
que camina y construye pirámides, error
que opina y apedrea y se solidifica
y reza a Dios y rompe las caderas del vino.
Y antes de percibir a nuestro alrededor
la lentitud con que obran los fósiles, mucho antes
de saber que solo hay un mundo —espera, ser—
y que el viento que mueve los plátanos también
mueve nuestras correas y que un mismo desagüe
luminoso —detente— arrastra la gangrena
y el silicio y el pánico y las hojas del arce
hasta un mar en silencio donde todo se anula
y dolorosamente recomienza, mucho antes
de que nos demos cuenta de nuestra radical
penumbra, construimos la casa de los sables
y caemos, cubiertos de lengua, en un nadir
de destrucción, de edemas y arrecifes, de grúas,
injertos y sudor, de savia encadenada,
con la sola ambición de eludir el crónico
esqueleto, mas yendo hacia él, viéndolo erguirse,
sintiendo que se encarna en el vuelo exhausto
del cóndor y la harina, en la pulpa indómita
de los asesinados, en la hernia del bosque
que ya no ve la luz, que solo siente el hálito
de los astros más negros, lentamente invocados.

the cloning of the thrush, let mosquitoes
grow branches, eels smell of eucalyptus.
Because a silence has fallen, the immortal rain
is dying. Because the white cells know our age.
Because life is in the wine-shops, providing us
with mud and miracle, witnessing our fear, pitying us
for so much anatomising, so very much spurring-on.
We've always known it: we are error, error
walking, constructing pyramids, error
pontificating, stoning, coagulating, praying,
breaking the hips of wine. And, before
observing around us the lentitude of fossils,
long before learning there is only one world
(hold on, creature), and the wind
in the plane-trees blows away what binds us,
and a single luminous drain (wait, creature) washes away
the gangrene, the silicon and panic, the maple leaves
to a silent sea where all is cancelled
and painfully begins again, long before
we notice our radical darkness, we build
the house of sabres and we fall, blanketed
in language, into a nadir of destruction,
of abscesses and reefs, of cranes, implants
and sweat, of enchained sap, with one ambition
still: to elude the persistent skeleton, but by
approaching it, watching as it rears,
feeling it incorporate in the exhausted
flight of the condor, of flour, in the unruly
pulp of the murdered, in the herniated wood
where no light enters, smelling only of the breath
of the darkest stars, called on one by one.

De *La ordenación del miedo* (1997)

V

> «Amaneciendo sin cesar, hambrientamente amaneciendo»
> Carlos Bousoño, *Las monedas contra la losa*

Con lentitud de amatista se insinúan los objetos.
Como castigadas naves se arrodillan los espejos.
Entre esguinces que no duermen, entre crueles terciopelos,
el agua se hace edificio, se relativiza el fuego.
El orden nunca termina, porque hay noche en los inviernos
que abre el hombre a dentelladas, noche arrasada de besos
que se alimenta de lápidas, de relojes imperfectos
diluidos en el tiempo. Para derrotar al hielo,
los hombres, como las bocas, se esconden en el viento.
Para que no se los coma el otro, cuántos ciervos
desordenan sus pupilas; con qué obcecación los ciegos
hurgan en el manantial de los huesos; qué severos
los ángeles navegando entre brocas, construyendo
el agua, disciplinando el aire; cuánto esqueleto
jubiloso, cuánto caos de fruta; qué encendimiento
de mar en el mar huido, en la vendimia del pecho,
en los labios de las máquinas. El paraíso es gemelo
de la sed, como un rosa de inacabables eneros,
como un yo de países olvidadamente enfermos.
Sin otro mar que mis manos, me devasto, me renuevo;
como una torcida arena, enamorándome, lluevo.
Y el deseo de acallar la gangrena con el verso,
de oír la luz con él, remite, pues todo es centro:
las espaldas más certeras contemplan el fin del tiempo
y un alba hambrientamente abierta priva a los muertos
de su lectura, los pone en pie, enjalbega sus cuerpos,
los unifica. Solícito como el día es el cabello

from *The Ordering of Fears* (1997)

V

> *Dawning eternally, hungrily dawning.*
> Carlos Bousoño, *Las monedas contra la losa*

Objects glimmer, slow as amethysts.
Like castigated hulls, the mirrors kneel.
In cruel velvets, and in sleepless sprains
water is built and fire neutered.
Order persists for winters hold a night
man opens with his teeth, a night laid bare
by kisses, fed with tombs, with broken clocks
melted into time. To vanquish frost,
men and mouths disguise themselves as wind.
How many hinds, to avoid the other's jaws,
disorder their eyes; how stubbornly the blind
rummage in the wellspring of their bones;
with what severity the angels sail
between the drill bits, constructing water,
flagellating air; what joyous skeletons,
what chaotic fruit; what sea in flames
in the fled sea, in the grape harvest
of the breast, in the lips of machines.
Paradise is twinned with thirst, paradise, eden
like a perennial rose of Januaries,
like a self made up of forgotten ailing lands.
With no other sea than my hands, I lay
myself waste, I resurrect myself;
Like a rope of sands, falling in love, I fall
as rain. And the wish to still the rot with song,
to listen to the light with song, fades away,
for everything converges; the strongest
shoulders contemplate the end of time
and the most avidly wakeful dawn
deprives the dead of reading matter, stands them upright,
limewashes them, makes them one. Attentive as day

del volcán, alegres son sus puños concretos. Vemos,
pues, la sangre del verano, el territorio desierto
donde brota, como el río, una juventud sin hierros.
La lluvia ignora su nombre, nada poseen los hechos
sino su número y su odio, olas muertas en el verbo,
mas sin gestos, quietamente, como un remoto aliento
que de pronto crepitara. Sé que el nacer es eterno.
Las orillas, desgarrándose, me muestran un mar enhiesto.
Las antorchas no están solas, sino anegadas de sueños:
renacemos en sus pies, en un colérico incienso;
en sus estambres de luna confluyen signos y besos,
misas heladas, carne hecha de claridades e insectos,
contradicciones en flor, suma de seres inciertos
que desconocen la sed más exacta, en un proceso
de árbol que no retrocede, de zoología en vuelo.
Así, las ruinas preceden al ave, pero en su adentro
son ave ya, iniciación de esperma, y el alud, recto
como el vino, erradicado, introduce en el infierno
sus manos ardientemente nevadas. Todos los textos
se subvierten en la fiesta de los días. Los ocelos
de los ríos ven caballos de luz, almas lengua, reos
que agonizan entre nombres. El principio es movimiento
que se enfría, que persigue en sí el durísimo cero
de que está hecha, como el sol, el agua del universo.
El principio es escarcha cansada, pájaros ardiendo,
locomotoras sin lluvia, islas solo mar o fuego,
grito de hombres recluidos en su propio nacimiento.
El principio, en fin, es carne: soledad hacia el concepto.
Ya no hay nudos en el humo. Todo el aire es un poliedro.
Los astros roban la luz y la llevan hasta el seno
de la tormenta más roja. Se yergue el río con gesto

is the volcano hair, happy are its concrete fists.
So we see summer's blood, the desert land
where youth, like a river, freed from chains,
comes into bud. For the rain is nameless.
Reality possesses nothing but
its number and hatreds, broken waves
in its words but gestureless, quietly,
like the sudden crackle of a far-off breath.
I know we don't stop being born. Seashores,
torn apart, reveal to me a rampant ocean.
Torches aren't alone, but drowned in dreams:
we are reborn in their feet, in irate
incense; in their moon stamens interflow
kisses and signs, frozen worship, flesh composed
of dazzle and insects, floral contradiction,
collections of anxious creatures, ignorant of
more urgent thirst, in irreversible tree-growth,
zoology with wings. So rains pre-date
the bird, but inwardly already are
the bird, spermal initiation,
and the avalanche, erect as wine,
eradicated, plunges its ardent
snow-covered hands into the inferno.
Every text is subverted in
the festivity of days. The simple eyes
of rivers see horses of light, tongue-souls,
prisoners in agony amid their names.
The principle is movement catching cold,
enduring in itself the adamantine
zero of itself, like the sun, like all
the water of the universe. The principle
is weary frost, burning birds, an engine
without rain, islands only sea or fire,
the cry of men islanded in their birth.
The principle, in brief, is flesh: solitude
becoming concept. There are no knots now
in smoke. Air is a polyhedron.
Stars steal light, and bear it to the heart
of the reddest storm. The river rears up

de insomnio y la flor se vierte y se saben nuestros dedos,
apoyados en la bruma, en tránsito, más ligeros,
más cercanos a sí mismos, como si el largo lamento
del mundo se hubiese hecho piel. Dilatado mosto, heno
del que se nutren las sombras, en el respirar abierto
que quiere ser himno, casa en constante crecimiento.
Las enfermedades, peces; los abismos, oro hambriento
o abolido; la persona, estallido de agua, sexo
que disecciona o ríe, ira de pulmones, ser opuesto
a la nieve, albacea de la ausencia, siempre cieno
en erección, del que nacen lunas, cometiendo incesto
con el frío, penetrando en el polvo inconexo
de los días siempre iguales, para averiguar si es yermo
el latido, si hay muerte realmente, o solo cielo.

like an insomniac, the flowers bleed,
and, poised on the mist, our fingers feel
in transit, lighter, more themselves, as if
the world's long threnody transformed itself
to skin. Dilated must, or hay
to feed shadows, in open breathing
yearning to be hymn, mushrooming house.
Diseases, fish; abyss, hungry or
abolished gold; oneself, explosion of water,
sex dissecting or laughing, angry lungs,
creature contravening snow, executor
of absences, forever mud erect, father
of moons, committing incest with the cold,
penetrating the disjointed dust of days,
always the same, to see if the heartbeat
is barren, if there is really death, or only sky.

De *Diez sonetos* (1998)

A Juan Luis Calbarro

Regresas como un pájaro de sueño,
como un fruto caído del tiempo. Hablas
desde el fin de las cosas, despoblada
de labios, grávida de labios. Bebo,

en el cáliz del teléfono, el deshielo
de quien fui, antes de ser yo, en tu garganta.
¿Por qué no permaneces en el ámbar
del silencio? ¿Por qué no sigues siendo

fuego ausente, clamor de nada, oro
muerto, oquedad donde creció mi nombre?
De alas y oscuridad es tu retorno,

de sombras que respiran. Y yo, insomne
aún de ti, abrasado, oigo tus ojos,
tus cenizas pidiendo que te toque.

★ ★ ★

A Rodolfo del Hoyo

Si hubieses entregado tus aristas
al lentísimo ruido de la nada;
si de tu útero hubieras hecho un arma
para la sanación de mis cenizas;

si se hubiesen dormido tus esquirlas
en mis hombros enfermos de palabra;
si, como lápidas acariciadas
por la luna, tus ingles sin orillas

from *Ten Sonnets* (1998)

For Juan Luis Calbarro

Like a bird from a dream, like a windfall
out of time, you are back and you speak
from the far end of things, uninhabited
by lips, pregnant with lips. I drink,

from the river of the telephone, the melted
ice of who I was, before I was, from your throat.
Why can't you stay locked in the amber
of your silence? Why not continue as the flame

of absent fire, as a clamourous void, dead
gold, the hollow wherein grew my name?
Your return is a thing of wings and dark,

a breathing shade. And I, still sleepless,
burnt from you, I listen to your eyes,
your ashes imploring the touch of my hand.

* * *

For Rodolfo del Hoyo

Had you surrendered your aristas
to the terrible slow clamour of nothing;
had you made a weapon of your womb,
for the healing of my ashes;

had your shards fallen asleep
on my word-sick shoulders;
if your shoreless groin,
like a gravestone caressed by the moon,

hubieran recogido los sonidos
glaucos de mi prisión y de mi esperma;
si, en fin, todo eso hubiese sucedido,

quizá ahora sería la madera
de tus pupilas y me habría escrito
en tu nombre y tú no estarías muerta.

        * * *

Ahora entiendo tu carne, el resplandor
de tu silencio. Hablan de ti, sedientos,
los labios enterrados en el hielo;
revelas cuanto nunca abandonó

la turbulencia de lo quieto. No
desagua en la memoria tu aliento;
flores resucitadas son tus pechos,
hélices que regresan con rumor

de tacto. Pero acaso no podamos
ser otros, solo cuerpos escindidos
en un desorden de ojos, solo manos

muertas, lenguas que se hunden en el frío.
Que hablen las cosas: quizá así sepamos
si cabe el hoy, la piel, en lo que fuimos.

had welcomed the glaucous murmurs
of my prison, of my sperm;
if all this had happened,

perhaps I'd be the light in your eye
by now, my name inscribed in yours,
and you wouldn't have died.

★ ★ ★

Now I can hear your flesh, the splendour
of your silence. Lips buried in ice
speak of you, thirsting. You show us
how much you refused to relinquish

the turbulence of quietude. Your breath
doesn't drain into our memory;
Your breasts are flowers brought back to life,
helixes returning with a whispered

touch. But maybe we can't become
someone else, we are only bodies dissected
into heaps of eyes, we are only

dead hands, frostbitten tongues.
Let things speak for us: we might learn from them
if now and skin can fit in what we were.

De *El barro en la mirada* (1998)

Canto III

[...]
Los muertos no desmienten la materia:
son magma que después, en los suburbios
del sueño, se transforma en primavera;
son sed que impregna el caos como un bosque
y deja en todas partes su sabor
a siglo, a esclavitud de ancla, a orificio
sin padres, devorado por las normas.
Cuántos pezones en la adusta boca
del pez. Cuánta anarquía en la piel. Cuánta
carne mordida por sombríos soles.
Cómo luchan los besos por librarse
de nuestras manos ciegas y llameantes.
El invierno, con lágrimas de fuego,
se hinca en los minutos, se introduce
en el espliego, pisa humanamente
la lejanía. Aquí, en nuestro mirar
de yunque solo queda ausencia, Dios
que nos sustrae el cuerpo, que nos niega
el orgullo de ser fruto o destello
entre anónimas tormentas, que habla
como un poderosísimo cadáver.
Porque también han muerto los amigos.
Rompieron las montañas absolutas
con una simple oblea, escanciando
sin pudor el aceite de sus ojos.
Regalaron sus nucas, como si algo
felino los rasgase, como rostros
ardiendo de niñez. Unos se hicieron
lámparas en el fango; otros, islotes
boca abajo. Murieron, sí, mas no
olvidaron sus gestos. Respiraban
como piedras que huyesen, como néctar
de memoria, anulándose en la luz
más allá de los hornos, renovándose
con lentitud de insecto o de palabra.
[...]

from *A Blindfold of Mud* (1998)

III

[…]
The dead do not refute matter. They are
magma that, later, in the suburbs of sleep,
metamorphoses into springtime;
they are thirst, impregnating chaos
with woodland, infusing each place with a taste
of centuries, of anchored slavery, of fatherless
orifices, devoured by statutes.
So many nipples in the grim fish-mouth.
Such anarchic skin. Such flesh bitten into
by dark suns. How kisses struggle to be free
of our blind and flickering hands. Winter,
with tears of fire, pierces the instants,
invades the lavender, flattens the distance
with human feet. All that remains in our
anvil eyes is absence, God depriving us of
our bodies, denying us our pride in being
fruit or spark in the anonymous storm,
declaiming like a dictatorial corpse.
Because our friends also are dead. They broke
the absolute mountains with a wafer,
draining shamelessly the oil from their eyes.
They presented their napes as if for a feline
creature to scratch, with faces childishly
eager. Some became lanterns in the mire;
others islets face-down. They died, yes, but
didn't forget their gestures. They went on
breathing, like a rout of stones, like nectar
remembered, cancelling themselves with light
far beyond furnaces, renewing themselves
as slowly as an insect or a word.
[…]

Canto IV

[...]
Hablamos, sí, mientras el tren propaga
su silencio, pero ángulos oscuros
impiden que nazcamos. El sudor
vive, como el olivo, en nuestra boca,
pero ignora cómo nacer, clama
por las pausas, protesta ante la miel.
Qué de mares tiznados por el barro
de nuestra negación; cuántas estrellas
heridas de quietud; cuánto deseo,
insurgente, comido por los códigos;
cuántas simas frenándose a pesar
de las pulpas que gritan, de las yemas
vecinas. No soy. Nada ocurre ya
por primera vez. Vuelvo a la heredad
donde memoricé la luz, pero algo
me hiere; lamo el sol que me anunció
la piel sin tiburones, el salmo que derrama
su vino en el himen de la tarde,
pero un olor a luto me remite
a otro vientre, a otra forma de sanar.
El tiempo ha endurecido la lluvia. Ojos
que pesan como lunas, pies que duermen
como anémonas, muslos que concluyen
en no ser, en acero turbulento.
El cuerpo se interroga entre fragancias
de mica; quiere acariciar el pelo
de las tormentas, perforar los dientes
del pánico, sentir astros de nuevo
en la rápida piel de los abismos,
yacer, nacido, en cielos sin dolor
que recamen de áureos sonidos
todos los precipicios de la tierra.
Ninguna encina, cuerpo, ha de loarte,
ningún temblor podrá reconstruir
tus aristas. El pecho se hará ausencia;
cederán los peldaños de la sangre;

IV

[...]
We keep up our talk, while the train instils
its own silence, but dark corners impede
our coming to life. Sweat, like the olive-tree,
inhabits our mouth, but it isn't able
to be born, it cries out in the intervals,
refuses the honey. How many seas are stained
by the mud of our denial; how many stars are hurt
by quietude; all this rebellious desire
eaten by the laws, so many chasms slowed,
in spite of the clamorous juice, in spite
of the attendant yolk. I am nothing; and nothing
new ever happens. I return to the inheritance
where I had light by heart, but something aches
in me; I lick the sun that once announced
a skin without sharks, a psalm, spilling
its wine into the hymen of twilight,
but the odour of mourning deflects me towards
another belly, another way to heal.
Time has hardened the rain. Eyes weigh
heavy as moons, feet like anemones
asleep, thighs tapering to nothingness,
to turbulent steel. The body doubts itself amid
mica fragrances; it yearns to stroke the hair
of hurricanes, to drill into the teeth
of dread, to feel once more the stars on the sudden
skin of the abyss, to lie in repose,
but born, in skies without pain that all
the precipices on earth embroider with
a golden tumult. No oak-tree, body of mine,
will speak in your praise, no tremor will rebuild
your edges. Your chest will be empty, the stairs
of your blood will give way, the gillyflowers,

se desvanecerán los alhelíes
que crecen en los vanos de los huesos;
el párpado será apnea, omisión
la lengua; correrán hacia la brea
los momentos regados de bautismo;
se escorará, confusa, la materia;
y los testículos se negarán
a abrirse, lloverán como corazas
en las pálidas tierras del recuerdo.

Canto V

Quedan aún muy lejos las praderas
rotas, el cielo donde todo es grito
caído. Qué remoto todavía,
me dicen, ese sol que nadie puede
ver, esa pulpa tóxica, ese lacre
que nos mira sin ojos. Vive, pues,
continúan las voces, en los valles
vítreos y en la fruta caldeada,
saborea los pólipos del viento,
las palabras nocturnas que titilan
como animales muertos, y jamás
permitas que las sombras te mutilen.
El orto negro, insisten, se oculta
más allá de la piel en que te anegas.
Has de despedazar el humo: pide
que te ayuden tus lágrimas, combate
el silencio que emana de la ortiga.
[...]
Pero las sillas gimen, atacadas
por algo sin cabeza, y los muslos
sienten la cercanía de lo inmóvil,
y las miradas, plenas de yo, se hacen
calizas como el tacto. Si todo es,
aún, coral futuro, ¿por qué siento
el delito impregnándome, por qué
me invaden lo ausente y el ciprés?

growing in the hollow of your bones, wither.
Your eye-lids will be apnoea, omitted
tongue; baptismal irrigation
flow into tar, bewildered matter list;
your testicles won't open, but rain down,
like breastplates, on the pale shores of memory.

V

The broken meadows are still far away,
and the sky distant, full of fading
cries. Still remote, the voices tell me,
is the sun no-one can behold,
the toxic pulp, the crimson watching us
eyelessly. Live your life then, persist
the voices, in vitreous valleys
and in molten fruit, savour the polyps
of the wind, the nocturnal words, flickering
like dead beasts. Never let the shadows
hobble you. The black dawn, they maintain,
hides beyond the skin you drown in.
You have to tear the smoke apart, and ask
your tears to help you, and resist
the silence dispelled from the nettle.
[...]
But the chairs are moaning, assaulted by
a headless thing. Thighs sense the approach
of immobility, and eyes become stony,
full of self, like touch. If everything is still
future coral, why do I feel soaked in crime,
why am I invaded by cypress and absence?

Si no puedo tocar lo que urde el hombre,
si su hollín tiene ya contorno de hoy
entre luces de esparto, ¿por qué arde
la bruma alrededor de mi cintura?
Si, en fin, una sórdida ambrosía
se interpone entre el yeso que seré
y esta cárcava de aire ensangrentado
donde ágilmente enviudan los naranjos,
¿por qué ya escucho el fúnebre oscilar
de la rosa, por qué los epitafios
me piden que me acerque, por qué me hablan
como al hermano nunca concebido?
En los relojes hay oscuridades
blancas; en los objetos que me miran
desde sus catafalcos sé que anida
la calumnia, la imposibilidad
de amarse; en los opacos fuegos caben
todas las lágrimas: bajo su quilla
diezmada crece un árbol de negrura;
de la oblea inmediata de los días
comen los ánades y las murallas.
Nada pervive sin su muerte. Nada
es más allá de su árido nacer.
[…]
Por que seamos niños que atraviesan
la tristeza no hemos de olvidar
cuántas ruinas habitan nuestra espalda.
Por que, pletóricos de espuma, amemos
como gigantes no cesará lo último,
lo desaparecido entre cadenas.
Por que el mar enarbole sus arterias
hasta alcanzar la precisión del ídolo,
y nosotros finalmente entendamos
qué tenue es nuestro ahora, no debemos
quebrar el día, ni ignorar las caras
del fuego, ni adorar lo extinto. Acaso,
para que no se paralice el sol,
hayamos de ir hasta la carne más
ciega, hasta el miedo de la flor, en celdas
que destilan interminablemente

If I can't grasp human machination,
if today take the form of their soot, in wicker light,
why does this mist burn around my waist?
If, finally, sordid ragweed sprawls between
the gypsum I'll become, and the air-bloodied
ravine, where orange-trees are blithely widowed,
why do I already hear a funereal
swishing of roses, why do epitaphs
beckon, speaking to me as if I were
their unengendered brother? The clocks contain
white darknesses. I know that calumny
and lovelessness nest in the objects
observing me from their catafalques.
Seas of tears fit inside those opaque fires.
Below their decimated keel there grows
a blackened tree; mallards and ramparts
feed on the immediate wafer of the day.
Nothing survives without its death. Nothing
goes beyond its arid birth.
[…]
Because we are children navigating
sorrow, we shouldn't forget how many ruins
we bear on our backs. Because, plethorical
with spume, we love like giants, we won't
circumvent our ends, our shackled vanishedness.
Because the sea hoists its arteries
till it achieves the exactness of an idol,
because we finally grasp how tenuous
our now is, we must not shatter the day,
or fail to recognise the face of fire,
or worship the extinct. Perhaps we must,
to arrest the sun's paralysis, go deep
into blind flesh, into the flower of fear,
in cells endlessly distilling their juices,

sus jugos, interiores pese al vuelo
de la luz. Dentro están la soledad
y el olfato; dentro hay lluvia olvidada
donde aún es posible desnudarse
sin muerte, sin cenit leve, exultar
por la ausencia de cuerpo, oír el yo
impugnando los cráteres, dormir
en la hendidura de los siglos. Hombres
en las sienes, hermanos obcecados
por la sal, cópulas entre serpientes
y objetos, besos que son criptas, agua
sida contra el relato de los seres
sin sexo. Pasan pájaros ardiendo:
he de beberlos. Se humedece el fuego:
he de palparlo. Dudan los murciélagos:
contra ellos las aristas de la seda.
[…]
    Ríe, muere, siembra,
lucha, huye, estalla, olvídate, anégate,
bautiza el trigo que, lluviosamente,
se precipita en simas de ternura,
vive como si todo tradujera
tu boca, reconstruye con tu piel
la eucaristía, descompón el guano
en aromas de grito, en madrugadas
rojas, niega que tengas que morir,
disfruta de lo roto, duerme entre ingles
de vidrio, nácete a pesar del limo,
dúchate con el nácar de las madres.
El cuerpo acaba; cesa lo visible.
Lucho por que se agoste el hontanar
del vacío, por que haya en el aliento
más jade, más temblor de nacimiento.
[…]

inward despite the volatility of light.
Inward is solitude and odour.
Inward is forgotten rain, and under it
one can still undress in the absence
of death and the flimsy zenith, exult
in being bodiless, hear oneself
impugning craters, sleep in the cleft
of centuries. Men in one's temples,
brothers blinded by salt, snakes mating
with the inanimate, kisses that are tombs,
dead water contradicting sexless creatures.
Birds fly by in flames: I have to drink them.
Fire is wettened: I must put my hand in it.
Bats hover: the creases in the silk oppose them.
[…]
    Laugh, die, sow,
fight, fly, explode, forget and nullify
yourself, baptise the wheat plummeting
like rain into fissures of tenderness,
live as if everything translated your mouth,
rebuild with your skin the eucharist,
decompose birdlime in aromas of cry,
in red dawns, deny that you must die,
enjoy the broken, sleep in glass groins, enjoy
be born despite the slime, cleanse yourself in
the mother-of-pearl of motherhood.
The body ends, and everything we see
ceases. I fight for the wells of emptiness
to run dry, for there to be more jade
in our breath, more tremor of birth.
[…]

De *Unánime fuego* (1999, 2007)

IX

Cavas en los cuerpos escritos, buscando luces en celo. Apartas el corazón contiguo, que rompe la arboleda. Persigues un símil que oriente tus remos. Encierras el látigo en un difícil río. Leche en forma de mano, labios en forma de aire, dientes que desarman el rocío. Anochece el algodón, anochece el fuego, titila la zarza más clara, la flecha devasta la seda. La tinta del trigo, transparente como un duelo. Las naranjas, sin bridas, protestan por que las excluyas de tu sueño. Hombros de paloma, pezones como pasto, dédalos que se desbocan, tules contra el águila negra. Y contra la voz sin letras, savia ilesa, que aletea como una pupila. A todo asisto como si me ensanchara. Cierras el moho y me disparo, indómito, como un ciprés; desnudas al buitre y me estremezco hasta alcanzar las bóvedas; caminas por un mar de leña y alcanzo los fuegos; transformas la angina en grano y oigo los colores de inmarcesibles ceremonias. Siento que los pulmones comprenden ahora por qué mienten los pétalos y, enardecidos por esa incómoda visión, por la amplitud del silencio que los golpea, absorben el níquel de los cuerpos, el rastrojo de los cuerpos, la ferruginosa sed, la caoba preñada de pájaros. El agua se quema, pero su combustión es invisible: el fuego solo madura en tus manos. Las almenas se inclinan, como los alambiques, ya sin objetivo, en busca de una lápida. Los ricos comen sierras, enseñan sus pasquines, se confiesan con la ira de una morena. Y las hembras, las hembras de todos los puertos, las hembras sin edad que nunca han visto una víbora, las hembras suspendidas en el aire como indemnes mariposas, ofrecen sus reinos a los extranjeros. A veces, sin embargo, algo se rebela contra el rumor de tu cuello: los números rehúsan oírlo, porque los delata; las serpientes no soportan que la luz atraviese el barro; las orcas quieren ensuciar tu ruido. Por un instante siento que las cloacas avanzan, que las togas invaden los cuerpos, y me nacen galgos en las ingles, se me hacen eléctricos los sueños. Pero tu boca no sabe a difunto; tu boca es cosecha que no se rompe; tu boca no está en los pies, sino en los vítores, ondeando como un detalle en un cerro de sílice. Una sola huella tuya derrota a la historia. Los cometas no cruzan tus sábanas. Ni siquiera las flores de cuero pueden abatir aquel suspiro blanco, agrupado como un cáliz. Cuánta asfixia perdonada, cuánto lucro suavizado, cuánta risa temeraria hecha tacto, animal profundo. Las cosas sobreviven, como si nunca hubieran sangrado.

from *Unanimous Fire* (1999, 2007)

IX

You fossick in written bodies, searching for lights in heat. You push aside the adjacent heart. It splits the coppice. You follow through a simile, a compass for your oars. You enclose the whip in a difficult river. Hand-shaped milk, wind-shaped lips, teeth to disarm the dew. Cotton and fire darken, the brightest bramble flickers, the arrow rips silk. The ink of wheat, transparent as mourning. Galloping oranges demand to be included in your dream. Pigeon shoulders, nipples like food, labyrinth mouths, tulles ward against the black eagle. And against the unlettered voice, the unhurt sap, flapping its wings like an eye. I watch it all as if it set me free. You close the mildew and I explode, wild as a cypress; you strip the vulture and I shudder as high as the vaults. You walk on a sea of kindling and I feel the flames. You transform your breast to a seed and I hear colours of sempiternal rites. I sense my lungs now understand why petals lie, and, ardent with this comfortless vision, a vast silence throbbing in them, they absorb the nickel of bodies, their relict, their rusty thirst, the mahogany swollen with birds. Water burns, but burns invisibly: fire only grows between your hands. Battlements, distilleries lean, useless now, towards the tomb. The rich eat saws, display their handbills, make their confessions, enraged as eels. And the women, dockside women, ageless women who never set eyes on a viper, women hovering in the air like unbreakable butterflies, offer their kingdoms to strangers. But sometimes something resists the murmur of your throat: numbers cover their ears for it betrays them; snakes forbid light to pierce the mud, whales would sully your noise. For a moment I feel the sewers rise, robes cover bodies, hounds burgeon in my groin, my dreams pulse electricity. But your mouth has no death in it; your mouth is unscythable harvest; your mouth hasn't sunk to your feet, but rises in acclamation, shimmering like a detail on a hill of quartz. One footprint of yours defeats history. Comets are absent from your sheets. Not even leather flowers demolish that white sigh, rounded as a chalice. Such forgiven strangulation, such softened tin, such brazen laughter turned to touch, animal deep. Things live on, as though they never had oozed blood.

De *El corazón, la nada* (1999, 2007)

Caminaron nuestra pieles hacia su contrario. Veíamos lo visible, aunque su aliento mutilado se constelaba en máscaras. El sol acariciaba los huesos que desnudábamos, y su visita era azúcar violento. Oíamos, indiferentes, el asfalto triste, el luto de las miradas. Y cuando la tarde, capullo cruel, se endurecía, nos refugiábamos en el aire. En las mitades oscuras rompían entonces las hogueras. Nuestra voces, transparentes.

Ahora las uñas destilan sal, el tiempo nos ciñe como un sombrío esternón, desertan las álgidas mañanas.

Me espanta la desnudez de tu frío.

* * *

Duermes aún, sujeta al barro, a la incomprensión de los labios, temerosa de lo que acaso veas tras mi piel. Duermes, flor inconsciente, contra quien soy. Tu agua desprende ayer. La luna es, áridamente, tu esqueleto.

¿Quiero en verdad que vuelen tus manos? ¿Quiero que tu cuerpo me pregunte otra vez por qué soy solo cuerpo, por qué se ha extinguido la antigua obscenidad que nos sumergía en pureza? ¿O es preferible que pervivas en la ablación cotidiana, en la nada turbulenta que metálicamente labramos, con la copa debelada de las ingles, con la ternura de ojos contradictorios?

Duermes. Nada es voz. Antes dialogábamos con la levedad y el dolor. Ahora solo oigo tu oscura transparencia, el caminar impreciso de lo que en tu vientre, sonámbulo, he intuido.

* * *

Tu no es mi no. Si te pronuncio, pronuncio mi ceguera. En el momento de perderte, tendré tu cuerpo, oiré los pétalos de tu aniqui-lación. Qué ojos desde tus ojos. Qué permanecer otro, atado a tu sangre, interrumpido por ti, siéndome, regresándome. Soy yo quien cae cuando te empujo al silencio. Veo, al borde de la deposición, la fuga de tus líquidos. Tus pechos denegados son los míos.

Dura el sueño hasta el cisma. Quedan, en nuestro respirar, insectos luminosos, hierba que no cree en la fractura. Pero no es compacta la

from *The Heart, Nothing* (1999)

Our skins approached their contradiction. We saw what could be seen, though its maimed breath shattered into masks. Sun caressed the bones we were undressing, and its touch was brutal sugar. We listened unmoved to the sad asphalt, to the eyes full of mourning. And when evening, with its harsh cocoon, grew denser, we took to the skies. In the dark hemispheres fire broke out. Our voices were translucent.

Now fingernails distil salt, time cinches us like a grim sternum, the crucial mornings desert us.

Your cold nakedness terrifies me.

* * *

You're sleeping still, prisoner of your clay, of your bewildered lips, fearful of what you might see behind my skin. You're sleeping, unconscious flower, against who I am. The waters of you smell of yesterday. The moon is aridly your skeleton.

Do I really want your hands to take flight? Do I want your body to ask me again why I am only a body, why the ancient obscenity is extinguished that soaks us in purity? Or is it better for you to live on in the daily excision, in the turbulent nothingness we weld, with the vanquished goblet of the groin, with an ambiguous? (or a contradictory if you prefer) tenderness.

You're sleeping. Nothing speaks. Once we conversed with lightness and pain. Now I only hear your dark transparency, the vague advance of what, like a sleepwalker, I intuit from your womb.

* * *

Your no is my no. If I utter you, I utter myself blind. The moment I lose you, I'll hold your body, I'll hear the petals of your annihilation. What eyes from your eyes. What altered permanence, yoked to your blood, interrupted by you, being me, resuscitating me. I am the one falling when I thrust you into silence. I see, on the brim of destitution, your liquid escape. Your countermanded breasts are mine.

Sleep endures until the schism; luminous insects inhabit our breath, grass that disbelieves in fracture. But the keel is unstable: it burns, beyond

quilla: arde, más allá de lo tangible, en aguas solas. Nuestra palabra tiene forma de cielo. El viento se ha adueñado de las sombras.

Miro el frío, el lodo agujereado, mientras tú amamantas la tumba. Vuelven, fluviales, nuestros árboles: su soledad es una vértebra nueva; su negación, mi rostro, tu mirada.

* * *

Mis pupilas son mentira. No vivo, sangrante tedio, en mi latir. La lengua no me pertenece: huye, desde el reloj, como una res negra.

La piel me mira: soy otro. Los ojos no creen que exista. ¿Qué labios comprenderán esta escalera hacia el mal, esta subordinada materia?

Bajo el agua impermeable nace la muerte, se esconde el agua sin rostro, reza la iniquidad. Oigo la máscara: horada el fuego, las líneas que describen la nada. Oigo las leyes, su pasividad ante la pureza de un acto nuevo, su tóxica vibración. Las cosas tocadas por el corazón saben que detrás de mis manos hay ruinas.

Respiro, lejos de mi nombre, junto al aire que me ennegrece. Soy, fatalmente, un indicio.

* * *

Lo que poseo es lo que he perdido. De todo oigo el viento, que cruza túneles corpóreos, que destila, ásperamente, su ceniza.

No hay huellas, ni muerte. El páramo es este instante. El olvido habita los cimientos. Vi juguetes, espíritus; los toqué como al humo, pero algo sin sílabas, acaso inexistente, me los arrebató de golpe. Y ahora solo advierto en la superficie, como en un mar solo, osamentas de rumiantes.

El viento sigue batiendo la nada: casa sin muros, fuego despojado de luz. La maleza, como los pájaros, ha huido. El alma solo contiene dunas. Una quietud innúmera extiende sobre la tierra la blancura del tiempo que llora como el océano huérfano de símbolos, como el anómalo marfil cuyas puertas conducen a la mirada. No importa que la tormenta calcine los ojos: pervivirá lo inmóvil, la sombra inmarcesible, las cúpulas de la anarquía. Tampoco importa que la voluntad ahogue el mal: seré llanura de pánico, astro radicalmente vencido.

Una serpiente muy lenta ocupa el centro. Todo, tapiado, sigue vacío.

the tangible, in lonely waters. Our: word is the shape of the sky. The wind has annexed the shadows.

I contemplate the cold, the punctured mud, while you suckle the tomb. Our trees return like rivers: their solitude is a new-formed vertebra; its negative, my face, your glance.

★ ★ ★

My pupils are untruths. I don't live, tedious bloodflow, in my heartbeat. My tongue does not belong to me: it flies, from the clock-face, a black calf.

My skin stares at me: I am other. My eyes don't believe I exist. What lips will comprehend this stairway to evil, this vanquished matter?

Beneath the waterproof water, death is born, the faceless water hides, iniquity reigns. I hear the mask, it pierces fire, the silhouetted void. I hear laws, their non-resistance to the purity of new acts, their poisonous vibration. Things touched by the heart know there are ruins behind my hands.

I breathe, distanced from my name, near the air that blackens me. I am, disastrously, a sign.

★ ★ ★

All I own is what I've lost. In everything I hear wind tunnelling through my body, distilling its harsh ash.

There are no footprints, or death. The wasteland is this present time. Oblivion lives beneath. I saw toys, spirits, touched them, like touching smoke, but something syllableless, almost inexistent, suddenly snatched them away. And now all I see on the surface, as on a lonely sea, are bones of ruminants.

The wind whips nothingness: a house with no walls, a lightless fire. The weeds, like birds, have flown away. The soul is full of sand. A numberless stillness spreads bleached time over the world, time weeping like oceans orphaned of symbols, like anomalous ivory whose gates lead to eyes. It doesn't matter if tempests calcify them: the immobile, the undying dark, the domes of anarchy survive. It doesn't matter either if evil is strangled by the will. I shall be a prairie of panic, a conquered comet.

A leisurely serpent occupies the midpoint. The rest, walled-in, is empty still.

De *La montaña hendida* (2002)

VI

Las palabras tienen ingles
        o luces estrechas y totales que muerdo con la ambición
                del que ha perdido otros hijos,
      otros perímetros o lágrimas.
(Los ecos transportan cuerpos,
dedos que quieren plenitud, la posesión
                de lo invisible).
    Ojalá
las sílabas aten al tiempo
y lo desnuden hasta que expire en una oscuridad ardiente
o en una incertidumbre ardiente,
hasta que alcance las cosas que no pueden ser dichas,
y convierta la pasta del día
           en música menstrual
    derramada
en esta noche de cuarzo
            cuya luz se yergue como un caballo muy triste.
La sangre, desnuda, traza signos turbulentos
en que las cosas depositan
           el núcleo de su grito.
Y deletreo tus pies
       y memorizo tus pies
y me entierro en tu pecho vasto y abierto
y devoro tu dorada fetidez,
           tu psiquiátrica alegría.
No siento mi mitad: se dirige a ti, se pierde
en el acto del pubis, divide la noche
en miedo y luz.
      Me avergüenzo de los deseos
  de que carezco.
       Solo el cuerpo, cuya suciedad es pureza,
distingue las sílabas de aquellas alas.
       La ternura vive en el himen
   y en el caos.

from *The Cloven Mountain* (2002)

VI

Words have groins
            or strict and total lights. I bite them as keenly as a man
                                    who has lost other
                children, perimeters, tears.
(Echoes transport bodies,
fingers grasping for wholeness, possession
                                of the invisible).
    Oh could
syllables bind time,
strip it till it dies in blazing dark
or blazing doubt,
till it achieve the inexpressible
and transform the pulp of the day
                            into menstrual music
        spilt
in this night of quartz
                whose light rears up
like an inconsolable stallion!
Naked blood traces feverish signs
where everything deposits
                    the nucleus of its lament.
And I spell out your feet,
                    I memorise your feet,
I bury myself in your wide open breast,
devour your golden stench,
                        your psychiatric joy.
Half of me is numb, and turned to you, lost
in the pubic act, dividing night
into light and fear.
                I'm ashamed of
        the desire I lack.
                    Only the body, whose filth
is purity, can hear the syllables of those wings.
                    Tenderness lives in hymen
        and chaos.

XX

Quedará, acaso, humo, humo roto:
el de tus aéreos pechos
                      en mi pecho,
    el de mi mortalidad
abonando tu boca.
      O quizá cascotes del ser
           en el silencio de las sábanas
                  con que inevitablemente cubro
                            mi extinción.
Quedará la ruina del fuego,
                  el fósil del fuego,
lo imposible como una ráfaga quieta que recorre los ojos,
    la harina oscura de los besos,
        el domicilio incorruptible de la ceniza,
                    cómo te ha ido hoy
            el jefe estaba insoportable y no puedes
                ni imaginarte cuánto tráfico había
      y desabrocharte la blusa
y el alma
y verte desnuda mientras preparo la cena
y sentir tu desnudez como humus
y morderte como a una manzana,
                    como a una calcificación del tiempo,
y emborracharme con tu tamaño y tu alegría
y apresarte con los ojos
y verterme en ti
y saberte poseída (tú, leyendo el periódico)
sin haberte tocado todavía
                mientras se tuestan el pan
        y el crepúsculo.
Quedará, sí, lo no hecho
como un ángel gris
          que corre, esclarecido,
                  hacia su máxima escisión.

XX

Maybe smoke will remain, wisps of smoke:
from your airy breasts
                    against my breast,
          my mortality
fertilising your mouth.
              Or perhaps rubble of being
                      in the silence of the sheets
                              I swathe my extinction in
                                        infallibly.
And the ruins of fire will remain,
                            a fire fossil,
impossibility a stilled wind in our eyes,
     the dark flour of kisses,
         the imperishable domestic ash,
                            how was your day
              the boss was a nightmare, and the traffic
          you wouldn't believe,
     and unhooking your blouse
and soul,
and seeing you naked while I'm making supper,
and feeling your nakedness like humus,
and biting into you like biting into an apple,
                    like biting into thickened time,
and getting drunk on the size of you, on your joy,
and imprisoning you in my eyes,
and pouring myself into you,
and possessing you (meanwhile, you read the paper),
not even touching you,
          while the bread toasts
      and the low sun burns.
Yes, what we haven't done
stays, like a grey angel,
              running, bathed in light,
                    towards his great excision.

De *Las horas y los labios* (2003)

III

En el aire hay espinas: las veo brotar de la hierba, y anidar en los resquicios del aire, y amalgamarse. Pájaros mutilados se detienen en el cielo.

Los árboles hablan. Sus ojos me interrogan. Pesa el azul.

Qué es esta calle sino otro cuerpo, la suma de los cuerpos que depositan en ella su finitud y su estrépito; qué sus ángulos, su respiratorio cemento, sino un encajar de membranas, la construcción de una llama que serpentea en el vacío; qué lo vertical y las ruedas y la vegetación, sino partículas quietas de un río innumerable. Crece el ladrido, calcáreo. Los destellos de una panadería barnizan el asfalto y la prisa. Las ventanas sangran quietud, pero una, coágulo, abandona la inmovilidad y entrega al cielo su medula. Arena irritada cruje bajo los pies.

La claridad, sin embargo, miente. Aún no ha nacido este coche que me amenaza (tampoco su conductor, que me observa con los ojos huyendo); ni el autobús, espeso en su inexistencia; ni el último murciélago, que dibuja, ebrio de sol, sus equívocos poliedros. ¿Es aquel gato una posibilidad, una arruga de lo real? ¿Es el delicado olor de los jazmines lo que reúne las partes de mi yo, lo que justifica, con su presencia grande, la decisión de ser yo? Crepita el aire, como el tiempo. Lo atravieso (mis pies me interrumpen: me transportan) hasta que oigo su corazón, el mío, el corazón de la grava y el silencio, el soliloquio de las cosas iniciales, acumuladas en la nada inminente, en el vestíbulo del no ser. Una mujer oscura, frente a una puerta que no se abre, está fumando.

¿Por qué todo es su misma muerte, el canto insuficiente de sí mismo? ¿Por qué me atemoriza este azul sombríamente iluminado, si poseo manos, si bajo los ojos hay mundo? (¿O es el mundo la negación, el óxido infinito?) ¿Por qué solo percibo la soledad de los semáforos, el insomnio de las buganvillas, la insistencia de los coches abandonados en seguir abandonados?

Pasa otra mujer. Su piel encierra un sol agonizante. Veo sus jabones y su levedad, las manos con que friega, los pasos alquilados. Hay un hervor de árboles en su geometría, y, en sus ojos, distancia: la que une su vientre y las estrellas.

Los minutos orinan en mí. Me dirijo a un más negro principio.

from *Hours and Lips* (2003)

III

There are thorns in the air: I watch them sprout from the grass and nest, amalgamating in the folds of air. Crippled birds pause in their flight.

Trees talk. Their eyes interrogate me. The sky weighs me down.

What is this street but another body, comprised of all the bodies cramming it with what comes to an end, with noise?; what are its corners, its respiratory cement, but adhesive membranes, the building of a flame that snakes the void?; what are verticals and wheels and vegetation but quiet particles of a numberless river? The chalky barking gets louder. Sparks from a bakery varnish asphalt and traffic. Windows bleed quietude, but one, a blood-clot, relinquishes its stillness, and offers the heavens its marrow. Sand crunches angrily beneath our feet.

But the light is deceiving. They aren't born yet, the car bearing down on me (or its driver, seeing me from his escaping eyes); or the bus solidly unreal; or the last bat, drunk with sun, tracing his equivocal polyhedron? Is that cat even there, or a wrinkle in reality? Does the delicate aroma of jasmine unify my splintered self, does it justify, by its intense presence, my decision to be myself? The air crackles, like time. I walk through it (my feet interrupt me, carry me) until I hear its heart, my heart, the heart of gravel and silence, the soliloquy of first things, collected inside an imminent void, in the waiting-room of nowhere. A shadowy woman, at a door that doesn't open, is smoking.

Why is everything the essence of its death, its insufficient song? Why do I fear this darkly lit blue, if I have hands, if the world stands before my eyes? (Or is the world negation, oxide of infinity?) Why am I the only one who feels the loneliness of traffic-lights, the insomnia of bougainvilleas, the way abandoned cars insist on their abandonment?

Another woman goes by. Her skin contains a dying sun. I see her lotions and her lightness, the hands she scrubs with, her rented footsteps. There is a thrum of trees in her geometry, a distance in her eyes, a distance that unites her belly and the stars.

The minutes drip their urine on me. I go towards a deeper dark.

XX

Ha venido la muerte: era una furgoneta o un gorrión. Un sudor blanco ha encendido la piel donde se resquebrajaban las horas, la barba constelada de silencio, los cuchillos con que inscribía mi desaparición en la corteza del sueño.

Le he chupado la lengua a la muerte: es áspera y morada. Mis papilas han tejido con sus papilas un cañamazo de sombras. He dejado en la mesa el lápiz, el cuerpo, lo que tuviese en los ojos, para abrazar con más fuerza su helado fulgor. Y he sentido miedo.

La muerte comparece siempre que paseo, que mastico, que copulo, que llamo por teléfono, que muero. La muerte tiene treinta y ocho años y las manos con que hago la cama, con que me lavo los dientes, con que doy cuerda al reloj, con que ordeno mis libros, con que escribo, en este instante, las palabras del poema. La muerte me respira cuando hurgo en las ingles tibias y anochecidas. La muerte habla el idioma de las células y los planetas. La muerte vacía los espejos e interrumpe los huesos. La muerte, como una flecha disparada contra un agua infinita, atraviesa el bosque de las cosas y se clava en la irrealidad de las cosas. La muerte bautiza a los hijos y devora sus nombres. La muerte se llama Eduardo.

Me acuesto. Oigo el oxígeno, que resuena como una chapa golpeada por las sombras. La respiración habla, como la piel, y ocupa el espacio en que me desvanezco. El corazón habla, también, y respira, flor encarcelada, con apenas esa pausa de silencio que sutura el redoble interminable, la sepultura interminable. Lo sé ahí, en la cripta de la carne, bajo la techumbre ósea, alimentando este extravío, el letargo que nos mueve, el gélido adentrarse en la noche del tiempo; me insta a seguir, pero me recuerda que me disipo. Y me asombra que exista, su luz inaccesible y mansa, su oscuridad febril, el ritmo que es solo e insólitamente ritmo; y me asombra existir: este mecanismo triste, pero entregado, sin porqué, al mundo.

Nacen, de pronto, los muertos: en la mesa del restaurante, en el escarabajo que se esconde entre las raíces de un árbol, en el perro que defeca junto a una tapia casi vencida, en el cielo. Y me miran, como si quisieran conducirme al fuego exhausto en el que reposan. Me mira el padre, cubierto por la hiedra de la fragilidad, cuyo ojos son pelotas de dolor que arriban, descabaladas, a mis manos. Me miran quienes confiaron en mí y fueron traicionados, quienes me vieron plantar la semilla de la ira y me entregaron después el fruto de la ira, quienes

XX

Death came, like a delivery van, like a sparrow. White sweat lit up my skin where hours shattered, my beard constellated with silence, and the knives I used to carve my epitaph into the bark of sleep.

I sucked death's tongue: it's rough and purple. My taste-buds wove with his taste-buds a canvas of shadows. I set down my pencil, my body and whatever was in my eyes, the better to embrace his icy glow. And I was afraid.

Death appears whenever I walk, chew, copulate, ring someone up, die. Death is thirty-eight years old, and his hands are my hands when I make my bed, brush my teeth, wind my watch, tidy my books, write this poem. Death inhales me when I caress your warm dark sex. Death speaks the language of cells and planets. Death empties mirrors and breaks into bones. Death, like an arrow shot at an endless ocean, slices through the forest of things and penetrates the unreality of things. Death christens children and devours their names. Death's name is Eduardo.

I get into bed. I hear oxygen, tolling like sheet-metal struck by shadows. My breath speaks, so does my skin, and they fill the space I vanish into. My heart speaks too, and it breathes, a locked-up flower, barely pausing for the brief silences that suture the never-ending drum-roll, the interminable tomb. I feel it here in the crypt of flesh, under the bony roof, feeding this lostness, the lethargy shifting us, the frozen entrance into the night of time; it urges me on, but reminds me I'm wasting away. And its existence, its mild inaccessible light, its febrile dark amazes me, its rhythm which is only and strikingly rhythm; and that I exist amazes me: this sad mechanism, for no good reason, committed to the world.

Suddenly, the dead live: in a restaurant table, in a beetle hidden among tree-roots, in a dog crapping by a toppling wall, in the sky above. And they gaze at me as if they wanted me to follow them, into the quenched fire where they rest. My father stares at me, overgrown with the ivy of frailty, and his eyes are balls of pain; they plummet into my hands. Those who trusted me, whom I betrayed, those who saw me plant the seed of wrath, and handed me the fruit of wrath, those whose love was consumed in my flames, gaze at me. Men and women, become black birds flying through black air, gaze at me. I gaze at myself, from the clay of myself, smooth with extinction, fleshless flesh, heart besieged by conscience, consumed, by fear, flayed bare. My eyes will be

consumieron su amor en mis hogueras. Me miran hombres y mujeres convertidos en pájaros negros que atraviesan un aire negro. Me miro yo, desde el barro de mí, arrasado de perecimiento, carne en lo que carece de carne, corazón azotado por la conciencia, consumido, por el miedo, hasta la desencarnadura. Mis ojos serán también un destello lúgubre cuando otros caminen por estas calles que me impregnan de polvo y obscenidad, o cuando se pregunten por qué arde el sol o por qué nos baña el tiempo o por qué olvidamos a quienes hemos amado. Mis ojos, talados, mirarán a los vivos y harán más exactos su náusea y su latido.

La muerte es el pájaro que se posa en la rama, la mano del niño sin el niño, las pupilas abrasadas por la nieve, el exilio del oro, el oro languideciendo en un turbión de labios y explanadas, lo incomprensible.

La muerte es una rosa triste en el centro de la sangre.

dark lightning when others walk down these streets that marinate me in dust and obscenity, or when they wonder why the sun burns, why we slosh about in time, why we forget people we once loved. My severed eyes will gaze at the living and exacerbate their nausea and heartbeat.

Death is the bird alighting on the branch, the child's hand minus the child, eyes scorched by snow, migrant gold, gold languishing in a whirlwind of esplanades and lips, death is unfathomable.

Death is a joyless rose in the epicentre of blood.

De *Soliloquio para dos* (2006)

Dime, alma, qué cincel has empleado
para que sea yo tu forma,
qué sombra subyace en mi sombra,
o qué memoria soy, qué invertebrada
conciencia.
                ¿Has moldeado el aire?
¿Asientes a mis volúmenes, a mis ojos?
Acaso sea hijo de tu luz,
y acaso ese resplandor aterido
me rescate de lo inconcebible
y me alimente de lo mortal:
tu fiebre me unce al ser.
¿Qué extraña potencia, alma,
constituyen mis manos?
¿Son las tuyas?
¿Tienes tú manos?
                ¿Ven?
Dime, oh, alma, si es tuyo este silencio
o si son los engranajes de mi cuerpo;
dime si dictas tú mi sangre
o es mi sangre la que te articula;
dime si eres mortal
o solo sucumbes al azar.
¿Existes, alma?
            ¿Existo yo,
o soy un arañazo de la nada?
Te hablo, y no sé a quién.
¿Por qué es tu transparencia
mi opacidad?
              ¿Por qué desconozco tu idioma,
si en mí converge cuanto hay,
y me iluminan soles dispares,
y recae en mi piel el peso de lo que se aleja?

from *Soliloquy for Two* (2006)

Tell me, soul, what chisel you used
to sculpt me in your form,
what shadow lies under my shadow,
or what memory am I, what invertebrate
consciousness?
                    Did you shape the air?
Are my dimensions and my eyes
consented to by you? Perhaps I was
born of your light. Perhaps
this trembling brilliance
rescues me from the inconceivable,
nourishes my mortality:
your fever yokes me into being.
What strange power, soul,
throbs in my hands?
Are they in fact your hands?
Do you have hands?
                    Do they see?
Oh tell me, soul, if this silence
belongs to you, or to the fly-wheels
of my body; tell me
if you are the master of my blood,
if my blood articulates you;
tell me if you're mortal
or the plaything of fate.
Soul, do you exist?
                    Do I exist,
or am I wound on the void?
I speak to you as to a stranger.
Why is your transparency
my opaqueness?
                    Why is your tongue
unknown to me, when everything there is
pours into me, and I am lit
by various suns, and all the weight
rests on my skin of all that goes away?

¿Por qué no te veo, alma,
si advierto las hondonadas celestes,
los remolinos de la fragilidad?
Me oigo anochecer, y morir,
y construirme;
te niego, alma: niego tu azul
y tus guadañas;
                niego tus células,
en las que cunde lo incomprensible.
Y oigo tu levedad,
que me atenaza; y aquilato
tu soplo homicida,
el fluir de tu ausencia
por mis capilares
y mi ropa.
        ¿Eres, alma?
¿Determinas mi latitud y mi penumbra?
¿Coses mis latidos?
¿Me acunas?
           ¿Por qué no recalas
en mis signos, y fotografías mis miedos,
y me ratificas en tu hoguera sin causa,
ajena al tacto, despojada de tildes,
pero que siento en el fondo de mi nombre,
derramada,
derramándose?
           ¿Por qué no lloras?
¿Qué mar es el tuyo, alma?
¿Te poseo
        o soy yo tu objeto?
¿Qué abstracciones, pájaros,
estragos
son tu carne,
o la mía?
         Descreo de ti, alma,
porque tengo frío: porque soy.
No estás: no desmientes los espejos,
ni hurgas en las heces del día,
ni te incumbe el horror del mundo;

Why can't I see you, soul,
if I can see holes in the sky?
and the whirlwinds of frailty?
I hear myself go dark and die,
rebuild; I renounce you soul, I renounce
your blue and your scythes,
       I renounce
your cells swollen with mystery.
And I hear your lightness
grind me; I assay
your murderous whisper,
the tide of your absence
in my veins
and in my clothes.
      Is it you, soul?
Do you decide my latitude, my half-light?
Do you sew my heartbeat?
Do you lull me?
     Why aren't you
anchored in my signals,
why don't you photograph
my fear, and confirm me
in your causeless fire,
untouchable, accentless, but there
deep within my name,
spilt and spilling?
      Why don't you weep?
What sea is yours, soul?
Do I own you
    or you me?
What abstractions, birds,
catastrophes
flesh you out,
flesh me out?
     Soul, I disbelieve in you,
because I'm cold: because I'm me.
You aren't here, you don't belie
mirrors, don't rummage through
the dregs of day, the horrors of the world

no resides en lo sido,
ni te sientas a esta mesa en la que escribo
palabras que se esconden en la página,
palabras que son solo la oscuridad
de ser yo.
           No me habitas, alma,
aunque me construyas.
No te siento,
               pero estás en mí.
Pesas como el viento, me ahogas
como si me respiraras,
me rocías de tiempo.
¿Vives, alma, en lo que veo?
¿Eres los ojos con que veo,
los ojos con que no comprendo?
¿O te refugias en el pensamiento
y despliegas en sus sinuosidades
tu sonrisa desoxirribonucleica?
¿Eres una red de aminoácidos, alma,
un alboroto de átomos?
¿Eres maleza molecular, rizoma eléctrico
que trepa hasta la cúspide de la idea
y otorga su espesor a los músculos,
su luz a los fonemas?
¿O posees muros,
              fiebre,
                       anatomía,
y obedeces, no al mandato de la química,
sino a la persuasión del mito
y al ascua de la voluntad?
Susurras.
          Susurras oquedades,
limos que se desprenden de sus hilachas y de sus córneas,
y se transforman en acto,
y condescienden a la soledad.
Pero digo mi nombre, alma,
y me pregunto quién,
qué,
de dónde,

do not concern you; you don't dwell
in what once was, you don't sit
at this desk where I write
words that burrow
inside the page, dark words
of me.
      Soul, you don't
reside in me, though you form me.
I can't feel you,
          but here you are in me.
Weighing like the wind, you stifle me
as if you breathed me in,
you mist me with the mist of time.
Soul, do you live in what I see?
Are you the eyes through which I see the world,
these eyes of bafflement?
Or do you hide in my mind,
unfolding in its intricacies
your DNA smile?
Are you a network of amino acids, soul,
a riot of atoms?
Are you a tangle of molecules,
an electric rhizome, climbing towards
the cusp of the idea, conferring
on muscles their density,
on phonemes their light?
Or do you have walls,
          fever,
             anatomy,
and do you obey, not the laws of chemistry,
but the murmur of myth,
and the spent coal of will?
You whisper.
      You whisper nothings,
mud shedding its threads and corneas,
becoming real
and condescending to loneliness.
But, soul, I say my name,
and I wonder who,

y distingo humo,
el humo que emana de mí
y en cuyas volutas se imprime un rostro
desconocido,
el humo que es mi colon y mi tristeza,
el humo que procede como la hoz
y rebana la roca
y la rosa,
el yo
     y su no ser.
¿Es ese también, alma, tu nombre?
¿El de quien incurre en el silencio
para que mengüe la desolación?
¿El de quien abraza lo roto
para que prospere la sangre
y cese el gemir de las pupilas?
¿El de quien no deja que su padre muera,
aunque ya esté muerto,
y sigue subyugado por su enormidad
y su error?
Grito y no te encuentro.
Mi grito no eres tú.
¿O eres la lengua,
los dientes,
     la destrucción?
¿Por qué, alma, no me mueves,
por qué no derogas mi exilio
en los nombres, en mi nombre,
y me trasladas a mí,
     a esto que soy, matemático y animal,
para que experimente el miedo y me ciegue la esperanza?
¿Por qué no eres yo,
por qué no acudes a mis labios
como si mis labios existieran,
por qué perturbas mi silencio
con tu silencio?
¿Te sueño, alma?
¿O soy yo tu ficción:
la alianza de lo posible

what,
where from,
and I see smoke
            rise from me,
and its spirals resolve into the face
of a stranger;
the smoke is my colon and my melancholy,
and it scythes
rock and rose,
self
     and absence of self.
Soul, is it your name too,
the name of a man electing silence
to minimise his pain?,
who hugs broken things
so the blood might flourish
and the eyes no more lament?,
who won't let his father die,
although he is dead?,
who remains in thrall
to enormity and sin?
I cry and I don't find you.
You are not my cry.
Or are you tongue,
teeth,
     demolition?
Why don't you move me, soul,
revoke my exile in
names, in my name,
and restore me to myself,
                        to what I am, animal, mathematical,
so I suffer fear, and hope blinds me?
Why aren't you me,
why don't you come to my lips,
as if my lips existed,
why do you break my silence
with your silence?
Do I dream you, soul?
Or have you invented me

y lo perecedero?
                    Ven, alma,
tatúame, polinízame,
secuéstrame.
[...]

as a pact between
possibility
and mortality?
      Come, soul,
tattoo me, pollinate,
sequester me.
[…]

De *Cuerpo sin mí* (2007)

I

   Jardines del monasterio.

Hoy he pisado la humedad,
       y la humedad
se ha hecho mis pies y mi pensamïento;
hoy he guillotinado las páginas del día,
y su orín ha abrazado
      las cosas,
y lo que excede de las cosas,
y lo que no alcanza a ser,
con un trasiego
de pulsos funerales.
      Un sol de seda
me mordía las manos: goteaba la luz
y me manchaba de fulguraciones;
y eran las sombras,
endurecidas,
   espejos
en los que se precipitaban
cuerpos sin mí, mutilaciones
sin cuerpo. En su ondular
he visto quemaduras frías
y, en sus intersticios, besos
azules,
hervor de besos:
indicios
   de un reducto fluvial,
cuya estructura era la estructura
del barro o la del sueño.
Las sombras
han convocado a las palabras,
y las palabras han venido
a la carne, y la carne
era remota y sin caminos;

from *Body without Me* (2007)

I

    monastery gardens

Today I walked in water,
                    and the water
became my feet and my thought;
today I guillotined the pages of the day,
and its rust embraced
                everything,
and what is beyond and above things,
and what doesn't emerge into being,
decanting
a funereal pulse.
              A silken sun
bit my hands: light leaked out
and spangled me with brilliance;
and the brittle shadows were
                    mirrors
and into them were diving
bodies without me, incorporeal
disfigurements. In their undulations
I saw cold burns,
and, in their interstices, blue
kisses,
simmering kisses:
evidence
       of a river redoubt
whose structure was the structure of
mud or sleep.
The shadows summoned words
and words came
to flesh, and flesh was
remote and pathless;
but, set
into the body's convolvuli,

pero, engastadas
en los convólvulos del cuerpo,
en sus desfiladeros mínimos,
han florecido
las sílabas
y se han impreso en el aire
como una filigrana
de escarcha.
         He hojeado un libro.
El libro me miraba y su voz era pálida.
Y mientras
leía los poemas, ha pasado
un coche:
lo conducía
la muerte, blanca
como la sed, sonriendo
sin labios.
         El sol es mundo:
despierto a su insomnio;
el sol me viste de su desnudez:
me acorazo de luz.
Miro hacia el sol, y hacia la muerte,
que me roza la espalda
como un encarnizado terciopelo,
y hacia los nombres, que atraviesan
el sólido vacío
del espacio y se posan en el libro
como agua que escapara de su cuerpo
y se incorporase a otra finitud,
a otro aljibe de hierro y nada.
Estoy aquí, mas soy ausencia.
Y la ausencia es este relumbre
que me ennegrece
los ojos,
         la piel que se aleja, inmóvil,
como si hubiera oído un clamor inaudible,
la brisa
         que se duerme en la piel
y la somete a la áurea turbiedad de las cosas.

in its narrow passageways,
syllables flowered
and printed themselves on the air
like a frost
filigree.
      I leafed through a book.
The book watched me and its voice was pale.
And while I was
reading the poems, a car
passed by:
Death was driving it,
white
as thirst, smiling,
lipless.
      The sun is world:
awake to its insomnia;
the sun clothes me in its nakedness:
my armour is the light.
I look towards the sun, and towards death,
caressing my back
like angry velvet,
and towards names: they traverse
the solid void of space
and land on the book
like water escaping its body
and taking on another mortal form
inside another iron tank
or tank of nullity.
I stand here, but I am absence.
And absence is this glimmer
blackening
my eyes,
      my skin gone distant, motionless,
as if it heard an inaudible cry,
the wind
      sleeping on the skin,
submitting it to
the golden opacity of things.
I set my books aside. People come.

Dejo los libros. Llega más gente. Huyo
de estos cadáveres atareados,
que asedian,
con sus zapatos
violentos
y su copiosa levedad,
la ciudadela
           del habla,
el acto del silencio: sustraigo a sus ácidos
mi casi muerte,
mi carne inexistente, y regreso a las úlceras
y a los semáforos,
y oigo su vibración abrasadora,
los borborigmos afelpados
de las hormigoneras, las alas asimétricas
con que el miedo señorea
el corazón.   El olor de los libros
permanece en los pliegues de la pana
y de los ojos,
           y el sol rezuma su ámbar
con tesón vegetal. Pero entre las briznas
de luz, subiendo desde las planicies
de mi noche, distingo la noche, el cielo arado,
la cruda efervescencia
de la extinción.

IX

Ocupo un punto que se pierde
en la insignificante sucesión
de puntos que me forman.
Soy lo que se ha ido, lo que se hace instante
y se hace piedra, lo que me amamanta
y me succiona: un punto más
en la fuga del ser, en la demolición
del latido. Y veo estas manos
que escriben,

I flinch from
these busy corpses,
laying siege,
with their violent shoes
and their heavy lightness,
to the citadel
          of speech,
the act of silence; subtract
my almost death, my non-existent flesh
from their acidity, and I go back
to ulcers and to traffic-lights,
and I listen to the burning vibrations,
the upholstered rumblings
of concrete-mixers, asymmetric wings
fear wields to overpower
the heart.
          The smell of books
stays in the folds of cloth
and of eyes,
          and the sun oozes amber
with vegetal tenacity. But between
the blades of light, rising from the planes
of my night, I can make out
night, ploughed sky, the raw fizz
of extinction.

IX

I occupy a disappearing
point in the meaningless
continuum of points
that shape me.
I am what is gone, what becomes
instant, stone, what suckles me
and suctions me: one more point
in the fugue of being, in the demolition
of the heartbeat. And I see these hands
writing,

los dedos que moldean el silencio
y lo transforman en silencio humano.
Reconozco los ojos que me miran
desde el cristal, velados por una niebla ardiente:
corren, inmóviles, como si huyeran
del cuerpo, o careciesen
de él; quieren detenerse, pero gritan
y se ennegrecen,
y abrevan
en ácido,
        y se consumen
en el desorden y la simetría;
producen tinta:
son tinta, y pugnan por que todas
las noches sean una sola noche.
Y arde la noche,
desde cuyas profundidades
observo
el caer de los cuerpos,
        y me sumo a él:
glándulas y ataúdes y murmullos
que circulan por este deshacerme
en el que estoy
recluido; afectos
diseminados
        como metralla
por un impacto irresistible;
gavillas
de espectros
que corroboran
        la nada.
Ni siquiera conozco mi pasado: es un cuerpo
ajeno el que se hospeda en mi cuerpo y concibe
el poema; son otras hebras las que componen
el ininteligible
tapiz del ser, el tabernáculo
salobre de la madre, el aire
virginal que es membrana
del mundo, piel en la que desemboca

fingers moulding silence,
transforming it into human silence.
I recognise the eyes staring
back at me from the glass, veiled
in burning mist:
they sprint, unmoving, as if they fled
my body, or had
no body; they'd like to be still,
but they cry out
and blacken, and drink
acid,
      and consume themselves
in symmetry, in disorder,
and manufacture ink:
they are ink, and they struggle
to make all nights one night.
And the night burns
and from its depths I watch
bodies falling
            and I join them:
glands, coffins, murmurs
revolving round this dissolution
of self, where I am prisoner, feelings
scattered
      like shrapnel
by an irresistible impact;
sheaves
of spectres
corroborating
        nothing.
Nor do I even know my past: it's an alien
body my body shelters and it imagines
this poem; other threads compose
the unintelligible
tapestry of being, the mother's
brackish tabernacle, the virginal air
which is the membrane
of the world, skin issuing
into my skin, and stinging

mi piel, y besos
que escuecen,
pero silíceos:
     besos como regatos.
El árbol no es: su copa imita el gesto
del agua yéndose, y los pájaros
que lo coronan sobreviven
en la frontera
sin líneas de lo fluido.
Huye su masa:
su movimiento es su quietud;
y huyen también mis ojos,
que tiemblan
con su temblor
     de suceso limítrofe,
con el tumulto efímero de su musculatura.
Tampoco existe el banco
que veo, ni la injuria de la luz,
ni la espadaña próxima, arqueada
como un cisne: todo es vislumbre de la muerte,
renovada obsesión de la materia
por exhalar su polvo
y su indiferencia.
Lo que está niega el mundo,
pero es el mundo, y su presente
es memoria: un oasis de átomos,
médula apenas médula, entidades amándose,
o fugitivas. Veo el aire,
y lo que rompe el aire, y a mí viéndolo;
y la carne abandona
su sede,
  y el tiempo
envejece, y madura el sucinto coágulo
que es desaparecer. Mis ojos ven
lo que seré: un cadáver, como ya
soy, pero exento de lenguaje,
privado
de esperma y de sol; algo
nonato,

silicon kisses:
             kisses like rills.
The tree doesn't exist: its crown
mimics water
flowing away, and the birds,
perched high in it, survive
on the unmarked border
of fluidity.
It flees from its mass:
its movement is its stasis;
and my eyes, tremulous
with the quiver of nearby
events, with the ephemeral
tumult
of their muscles,
             also flee.
Nor does the bench I see exist,
nor the injury of light,
nor that bulrush there, with its
swan's neck: Everything
intimates death,
renewed mania of matter
with exhaling its dust
and its indifference.
All that exists denies the world,
but it is the world, and its present
is only memory: an oasis of atoms,
bone-marrow barely bone-marrow, entities
loving one another, or fugitives.
I see the air and what breaks the air, and myself seeing it;
and flesh quits
its seat,
       and time
grows old, and the brief blood-clot
of extinction ripens. My eyes see
what one day I'll be: a corpse, as I
already am, but without language,
stripped
of sperm, of sunlight; something
unborn,

             desechado antes
de concebirse; una partícula
de este futuro que se ofrece
hoy, seminal,
con zarpazos de jade y de ceniza.
Y en esta percepción me adenso,
frío como la pez,
mientras percuten, a mi alrededor,
los objetos nacientes,
o los que dejan
de ser.

XI

Vuelven las hojas
a su quietud:
                anclan en los bajíos
del aire y distribuyen su oro mustio
como bisagras
que unieran
                los ángulos dispersos
del azul, los segmentos ácueos
de una transparencia impenetrable. Tosen
los coches, y su tos ahoga
el bullir gris del día,
la excitación de los ladrillos
y de la hierba, por la que transitan
perros sin cuerpo y árboles sin cuerpo
y gente convencida de saber
quién es o a dónde va. Las hojas alumbran
la sombra,
          fabrican
la sombra que ya mancha
                        los huesos,
que ya se esparce, como una adherencia
fuerte, por la avenida
del tiempo.

        discarded before
being conceived; a particle
of this future announced
today, seminal, with
clawing of jade and ash.
And I thicken in this vision,
cold as pitch, while, all around me, throb
objects being born
or objects dying.

XI

Leaves reassume
their stillness,
              anchor in
the shallows of the air,
arrange
their withered gold
as hinges for
              the scattered angles
of the blue, the watery
segments of an impenetrable
transparency. Cars
cough, and their cough
drowns the grey simmer
of the day, the frenzy
of pavement and lawn
traversed by disembodied
dogs and trees,
and people certain they know
who they are
and where they go. Leaves
illuminate shadow,
              manufacture
the shadow already staining
                    our bones,
spreading, like a strong

        Y en el silencio
procuran selvas suaves, susurros espinosos,
secos silbidos de metal.
Ayer bebimos vino. La noche era
sonora. Las palabras
se diluían en el aire pétreo
del comedor: se ensortijaban
y ascendían, primero, como mangle;
después, colgadas
de las volutas
que revelaban
las formas escondidas en lo informe,
lamían las molduras
y el sudor, y, tensadas por su casi
inexistencia, se precipitaban
en la realidad
con firmeza de sueño, como témpanos
en ascuas.
Al borde de su desintegración,
nuestras palabras nos miraban
como si no
            reconocieran nuestros labios,
o como a prensas que las troquelaran:
las bocas eran eslabones
gelatinosos,
           lombrices que sangraban
y reían. La luz, expulsada del mundo,
pero inexplicable sin el mundo,
se solidificaba en las esquinas
y se vertía en la conversación
y, sutilmente, satinaba
los lóbulos,
          y afilaba los pezones,
y prosperaba entre los muslos,

attachment, through the avenues
of time.
        And they interrupt
the silence with soft
forests, thorny whispers,
metallic
dry whistles.
Last night we drank wine. The night
echoed with sound.
Words dissolved in the stony
air of the dining-room,
they swirled and rose, at first,
like a mangrove;
then, hanging
on the spirals
            that laid bare
the hidden form in formlessness,
they licked mouldings
and sweat, and, tense with their almost
inexistence, they bolted
                into reality,
as solid as dreams, like icebergs resting
on embers.
On the verge of disintegration,
our words stared down at us,
as if they couldn't
              recognise our lips,
as if our mouths were
presses punching them out,
or as if they stared at gelatinous
links of a chain,
           at worms bleeding,
laughing. Light, exiled
from the world, but inexplicable
without the world, solidified
in corners, and spilled
into the talk, unobtrusively,
polished our ear-lobes,
              sharpened our nipples,
and flourished between soft

en cuyos desniveles amelocotonados
adquiría matices
felinos;
        la luz, más tarde,
se fragmentaba en instantes,
y llovía como ámbar doloroso,
y conciliaba
              los labios con los labios,
la voluntad de ser con el miedo a ser,
la permanencia con la huida.
Dolía el rictus del televisor:
su abejeo oscurecía
la ropa
 y exasperaba
a los cuchillos, e instalaba
su amoratado
zigzag entre los brindis
              y las caricias.
Había terminado de comer. (El olvido
es lo que queda cuando ya
              no queda nada:
lo que hay en el plato cuando el plato
está vacío).
       Perseveraba
la nada entre los flejes de la noche:
bolas de sombra rebotaban
en el gres, y en las lenguas
crecían máscaras
              y calcificaciones. ¿Qué pulsión
a la que nunca he visto el rostro me confina
en este islote de metacrilato
y grasa,
en este haz de presencias
          que son envés
de mi presencia? ¿Qué me une a las lámparas,
a su tenacidad azafranada
y muda? ¿Qué me obliga a compartir
cuerpos que no comparto, cuyo fin
es revelarme

thighs, acquiring feline
attributes;
        light, later,
splintered into instants,
and fell as an aching
amber rain,
reconciling
        lips with lips,
the will to live with fear of life,
the constant with the vanishing.
The TV's rictus hurt:
its buzz
stained clothes,
        and maddened
knives, and interposed
its bruised
zigzag between raised
glasses
        and caresses.
Dinner was over. (Oblivion
is what remains when nothing
        now remains:
what the plate contains
scrubbed clean).
        Nothing
hung on between the springs of night:
balls of darkness bounced
against the tiles, and masks
and limescale
        grew on our tongues. What impulse
unrecognisable to me confines me
in this island of methacrylate
and grease,
in this spotlight of presences
        who are the flip-side
of my presence? What binds me
to the lamps, to their mute saffron
persistence? Why must I mingle
with alien bodies, whose purpose
is to demonstrate to me

que el otro es soledad, que el hartazgo es
soledad, que los días son
soledad, y que yo soy muerte?
¿Por qué respiro, pues? ¿Por qué sonrío,
pese a lo leve de los labios,
pese al mundo? ¿Por qué atiendo al crepitar
de las lenguas, si sé
que mastico insomnio y sueño,
si en el café se mezclan el azúcar
y la maldad,
            si me poseen por igual
el agua y las mandíbulas, la cárcel y las alas?
La cena no ha acabado; y las distancias
se agrandan, aunque roce el cuerpo
de quien se sienta junto a mí.

XIII

Plaza Universidad

Paseo por las calles. Veo su vaciedad,
que cuaja en el asfalto,
y se atiranta como un alba
                      coloreada
de espanto, y engalana las iglesias
y los burdeles,
y no prescribe, y tartamudea.
Flota en la nada
el azufre que soy, el silencio que soy,
el hedor de la muerte, que difunden
gaviotas
oscuras,
        cuyos graznidos
atraviesan el día como dardos
de sombra. Veo las gaviotas,
y perros parecidos a hombres, y hombres
parecidos a mí,

that other people are loneliness,
that boredom is
loneliness, days
are loneliness, and I am death?
Why do I breathe, then? Why do I smile
in spite of the lightness of lips,
in spite of the world? Why do I attend
to the sputtering of tongues, when I know
I'm masticating sleeplessness and sleep,
when I stir sugar and evil
into my coffee,
                    when I'm possessed in equal measure
by water and jaws, gaol and wings.
Dinner is not over; gaps
widen, though my thigh presses against
my neighbour's thigh.

XIII

Plaza Universidad

I walk through town. I watch its void
curdle on the tarmac,
tighten like a dawn
                  red
with fear, and it adorns the churches
and the brothels,
and gives no counsel, and stutters.
The sulphur I am
floats in this nothing, the silence I am,
the stench of death from
dark
gulls,
     whose mew
pierces the day
like shadow-darts. I watch the gulls,
and dogs who look like men, and men
who look like me,

que no respiran, sino que malgastan
la piel,
e hipotecan el semen,
y observan
conductas
          inútiles:
nacer, hablar, enamorarse. Y veo
la lluvia: la arenosa unidad
del agua
que aguijonea
la tierra,
y el sol sumido en una algarabía
de negaciones,
y mis pupilas saqueadas,
en las que habita
          lo ajeno,
lo inerte, lo sin alas, y se cobijan luces
difuntas. En la calle no hay nadie, y, sin embargo,
la gente
  eyacula, envejece,
se resigna a sus miembros, no discrepa de ser;
por el contrario,
          se da
a la promiscuidad y al polvo:
celebra la agonía;
y el ultraje que implica su presencia
resuena en las criptas
 que me componen.
La calle está vacía, pero me abastece
de formas
          en las que me disuelvo,
me estrangula con la respiración
de muchos, me deslumbra de negrura
y de deseo.
Los autobuses tienen bocas
calientes
por las que nunca asoma
un río, ni la posibilidad

who neglect to breathe, who misspend
their skin,
and mortgage their semen
and practise
futile
      habits:
being born,
learning to talk,
falling in love. And I watch
the rain: the abrasive
oneness of water
goading
         the earth,
and the sun sunk in a cacophony
of nos,
and my stolen eyes
and what lives in them:
                  the estranged,
the inert, the wingless,
eyes that shelter
dead light. No-one walks the streets, and yet
people
      ejaculate, grow old, grow
resigned to their limbs, don't give up on life;
by no means,
         they lend themselves to
promiscuity and dust:
they celebrate their agony;
and the outrage of their being
resounds in the caverns
                of my body.
The street is empty, but provides me with
forms
      I dissolve in,
chokes me with the breath
of the many, dazzles me with blackness
and desire.
The buses have warm
mouths,
no river ever flows through them,

de un río,
            ni cosas
que vuelen. Y el azul
se adentra en lo que no es azul
y le transfunde
            su sangre, lo avería
con su escoplo, sojuzga su vidrio magullado.
Un pecho
me asedia:
            es el mío. Otros
se ofrecen como bálsamos,
pero resbalo por sus cuestas,
y balbuceo, y me reflejo
en su laca obsesiva,
y apenas reconozco a quienes gritan
mis nombres, y enumeran
mis muertes, y me miran con mis ojos,
desde dentro de mí. No estoy.
No siento las costillas
            que me circundan.
No me detengo en los escaparates
que me invitan a ser y me prohíben ser.
No participo de la transparencia
con que las cosas
se tiznan,
y que me abraza
            como si me repudïara.
No advierto lenguas, cálices, derrumbamientos, mundos.
No veo, en fin, a nadie amar,
ni a los objetos
            reproducirse, ni comparto
el trajín de lo quieto, o el de los insectos
ungidos
al yugo boreal de los neones.
Solo soy ya
            este deambular sin piernas
y sin conciencia de que deambulo,
esta derogación
de la caricia, que me aboca

not even
the chance of a river,
            nor any
flying thing. And the blue
seeps into what isn't blue,
transfuses
            its blood, queers it
with its chisel, enslaves its bruised glass.
A breast
lays me siege:
            it is my own. Other breasts
offer their healing balm,
but I slide down their sides
and stammer, and am mirrored
in their insistent lacquer,
and hardly notice when they call
my names, enumerate
my deaths, and see me with my eyes,
from inside me. I am not here.
I cannot feel the ribs
            surrounding me.
I won't take part in the luminosity
with which
things soil themselves,
that embraces me
unwillingly,
            as if to fend me off.
I pay no mind to tongues, to chalices,
to landslides or to worlds.
In brief, I don't watch people making love,
or objects
            reproducing, nor do I inhabit
the bustle of quietude, the daily life
of insects anointed
in the boreal yoke
of neon.
Now all I am
            is this limbless
wandering, this repeal
of the caress; it pours me down

a un nuevo abismo y me regala
su pulpa desquiciada,
entre cuyas viscosidades
contabilizo muertos que sonríen,
y sus sonrisas.

XX

La claridad,
este azul inmaterial
que nace de la transparencia
y se inscribe en la corteza
de la luz, y después disiente
y regresa a su origen,
¿a dónde va?, ¿a dónde dirige
su cabellera,
sus indicios de luna, los trebejos
con los que aviva el fuego oscuro
de la melancolía?
               Y, una vez que ha pasado,
¿qué queda de su carne íntima, del inmóvil
derrumbamiento de su ser?
La claridad me empuja al barrizal
                           de los espejos,
donde me enzarzo en mí, y me anego de ahora,
y me asombro de un cuerpo dictado por serpientes,
besado por serpientes, diurno, pero aturdido
de clavos;
        un cuerpo
en el que burbujean recuerdos de una edad
entretejida
de esperma y pólvora;
un cuerpo
          que retrocede,
aunque siga naciendo, que anochece
con cada aurora y llena

a new abyss and offers me
its shredded pulp:
in its viscosities I itemise
smiling skulls
and their smiles.

XX

Clarity,
immaterial blue
born of transparency,
written on the bark
of light, then, dissenting,
returning to its source,
where is it going to,
where next will it unwind
its strands of hair,
its marks of moon, the tools
it throws on the dark fire
of memory?
    And, once gone,
what remains of its secret
flesh, of the motionless
collapse of its being?
Clarity dunks me in
     the mire of mirrors,
where I'm trapped in the thorn of myself,
I drown in now, astounded
by a body dictated by snakes,
kissed by snakes, diurnal,
but dazed with nails;
     a body
in which memories bubble
of an age
woven from sperm and dust;
a body
  retreating, even as
it goes on being born, a sun

con su melaza
cada instante de la muerte,
que confecciona
la nada
        y se esponja en la nada;
un cuerpo cuya sombra engloba
todas las sombras.
Siento en la mano la aspereza
de la borra que cubre el escritorio,
y la lisura del papel,
que desmiente una náusea de pronombres
y un trabarse de gónadas
y ferocidades: la voz
surca lo blanco y coloniza
las pupilas. La luz se enreda en los sonidos
en que se descompone
la tarde. Y vuelve
        la claridad,
como un agua que hubiese conocido
la vorágine de la plenitud
        y ahora
se dilatara en hierros quebradizos,
en negaciones glaucas; vuelve la claridad,
que difunde el rumor de los geranios,
y el hedor de lo exacto,
y el deshacerse de la luz.
Y yo, varado entre letras
que parpadean,
        entrego
mi soledad —esta oclusión que soy,
este pudrirme—
a la anilina entera de la tarde,
al estupor: el mundo sigue,
y busco todavía la palabra
que me desangre y me unifique.

setting at dawn, filling,
with its treacle, every moment
with death,
manufacturing
emptiness,
        sopping up emptiness;
a body whose shadow contains
all shadows.
In my hand I palp the rubber
shavings on the desk,
the smoothness of paper, belying
a nausea of pronouns
and a squabble of gonads
and virulence: my voice
               furrows whiteness,
colonises pupils. Light snags
on the sound of the afternoon's
unravelling. And clarity
        returns
like a water drenched
in the vortex of plenitude
           and now
expanding in brittle iron,
in glaucous negation; clarity returns,
transmits the murmur of geraniums,
and the stink of exactitude,
and light falling apart.
And I, marooned among flickering
letters,
    surrender
my solitude – my thwarted self,
my deliquescence –
to the unalloyed aniline of evening,
to stupor: the world goes on,
and I'm still searching for the word
to bleed me white and make me whole.

De *Los haikús del tren* (2007)

Alguien bosteza
ruidosamente. Fuera,
una amapola.

*

Se abren las puertas:
codos, prisa, miradas;
quieren sentarse

*

No se oyen pájaros,
sino el zureo gris
de los metales.

*

El túnel es
horizontal y lácteo
como la noche.

*

Rebulle el joven
soñoliento; no encuentra
la posición.

*

from *Train Haikus* (2007)

Someone is yawning
noisily. In the garden
a poppy nodding.

*

The doors have opened:
elbows, anxiety, eyes
jostle for a seat.

*

I can't hear the birds,
only a grey twittering:
metal on metal.

*

The tunnel is
horizontal and milky,
like the night sky.

*

The young boy wriggles
sleepily, doing his best
to get comfortable.

*

Inesperada
palidez, plata frágil:
está nevando.

*

Bajo los álamos,
las sombras amamantan
grumos de nieve.

*

Sol silencioso,
azul que se desangra.
Atardecer.

*

Viajan calladas,
sin mirarse a los ojos,
las soledades.

Out of nowhere falls
pallor, breakable silver,
a blizzard of snow.

★

Under the poplars,
shadows are giving suck to
mounds and mounds of snow.

★

The sun goes quiet,
and blue bleeds away to white,
soon comes the night.

★

The lonelinesses,
avoiding each other's eyes,
travel in silence.

De *Seis sextinas soeces* (2008)

II

Acorazan tu torso, y lo ornan, pechos
adelantados y felices: tetas
que reclaman paciencia y tacto, senos
encendidos de forma, como mamas
de diosa o aire pétreo; son ubres
cornisa, globos de ternura, busto

que es espíritu, además de busto,
mármol flexible, soles vueltos pechos;
saturan mi imaginación tus ubres
y su ovalada hipérbole, tus tetas
abismales y ctónicas; las mamas,
tajantes, me anonadan. Son tus senos

dos montañas de amor; hablan tus senos,
callados; se resuelven en tu busto
paréntesis esdrújulos; tus mamas
tiemblan, y soy en su temblor. Qué pechos
verticales y buenos, cuántas tetas
en ti, qué geológicamente ubres.

Cuando quiero gozar, muño tus ubres;
cuando quiero soñar, duermo en tus senos;
cuando quiero comer, muerdo tus tetas;
cuando quiero beber, beso tu busto;
cuando quiero vivir, asgo tus pechos;
cuando quiero morir, suelto tus mamas.

Son obsesión y son barro tus mamas:
las amaso; en el fondo de las ubres
hallo fuego; y me nutro de tus pechos
y de su leche enardecida: senos
cenitales, fraternos, hechos busto
desde su humilde condición de tetas.

from *Six Erotic Sestinas* (2008)

II

They armour and adorn your torso, breasts
abundant, joyful, nipples
calling for patient tenderness, bosoms
alight with shape, like the mammaries
of goddesses or solid air; they are udders
like bulwarks, like soft balloons, bust

soul as much as bust,
flexible marble, suns, your bosoms
drench my fantasy, your udders,
their oval hyperbole, your nipples,
abyssal, chthonic; emphatic mammaries
overwhelming me. They are, your breasts,

mountains of love; they speak, your breasts,
wordlessly; it resolves, your bust,
antepenultimate parentheses; your mammaries
tremble, and I, in their trembling. Bosoms
how vertical how beautiful, such nipples
you contain, such geological udders.

When I want to come, I call up your udders;
when I want to dream, I sleep in your bosoms;
when I want to eat, I bite on your nipples;
when I want to drink, I kiss your bust;
when I want to live, I hold on to your breasts;
when I want to die, I let go of your mammaries.

They are mania and clay, your mammaries:
I knead them; within your udders
I touch fire; and I feed from your breasts
and on their burning milk; bosoms
zenithal, fraternal, grown into a bust
from humble origins as nipples.

Yo no quiero ser yo, sino tus tetas.
Redime al mundo el peso de tus mamas,
su tibio desamparo. En tu busto
me edifico y navego; a tus ubres
doy fieramente besos: son mis senos,
no los tuyos; mi cuerpo son tus pechos.

Árboles, aves: pechos; ríos: tetas.
Madres enormes: mamas; mejor: ubres.
Gritos, tus senos; manantial, tu busto.

I don't want to be me, I want your nipples
instead of me. The weight of your mammaries
redeems the world, their warm helplessness. On your bust
I build my house, I sail by it; your udders
I cover with wild kisses: they are my bosoms,
not yours; my body is your breasts.

Trees, birds: breasts; rivers: nipples.
Magnificent mothers: mammaries, udders.
Clamour, your bosoms; wellspring, your bust.

De *Bajo la piel, los días* (2010)

IX

Estoy aquí, pero me alejo. Pesan las vísceras, los calendarios. No obstante, me aparto de quien soy: de quien da sorbos a la cerveza, de quien lee con desgana el periódico, de quien ve envejecer al mundo y se ve envejecer con el mundo. Me miro los pies sarmentosos, apoyados en un escabel fatigado, y no sé a quién pertenecen. Los pies quieren escapar, hartos de entroncar conmigo, o de ser mi desembocadura. Y lo que digo enmudece: no se posa en el borde de los muebles, ni en las hojas de los plátanos [que aletean, encadenadas a un viento púrpura], ni en las cosas cercanas y remotas; por el contrario, vaga sin fe en los sonidos, sin esqueleto que informe su enunciación —o con un esqueleto laxo, espina apenas de sus llamas—, y se exacerba entre rosas, o esparce sus enigmas, o se aferra al pecho de lo sido, al dolor con el que zigzagueo entre mis ruinas palpitantes.

[Soy consciente de mi deriva. Las palabras asoman sin que medie la voluntad: son coágulos fluviales o acelerados remansos de sangre, que a veces se agrupan en nebulosas o en ascuas oscuras. Me avengo a su impulso: lo busco. El lápiz no corre tan deprisa como el lenguaje. Se han diluido las orillas del pensamiento —que no es razón, sino acuidad ardiente— y lo dicho fluye sin previsión, pero con justeza. A veces me detengo (de hecho, me ha costado rematar lo escrito entre guiones; intento, durante los frenazos, que los adjetivos, siempre acechantes, no graven la frase, su tiritar de cosa brotada), y entonces siento la pausa como un corte: procuro distraerme —afilo el lápiz, hojeo un libro (acabo de hacerlo con la poesía completa de Manuel Álvarez Ortega), busco cualquier pretexto para salir del despacho y eludir el silencio que me ahoga: voy a por un vaso de agua; me masturbo, cautelosamente, en el baño; enciendo un momento el televisor y repaso todos los canales, hasta dar con el programa más idiota (acabo de ver a Nadal ganarle un juego a Seppi en su partido de la eliminatoria España-Italia para evitar el descenso del Grupo Mundial; como si descender del Grupo Mundial tuviera alguna importancia. Nadal se sujeta la melena con una cinta amarilla, que combina con el granate de su camiseta *Nike*; Seppi, por su parte, viste de azul y blanco, como se espera de un jugador transalpino. Cuánto pesan los símbolos: más que las ideas que los sustentan. Se

from *Beneath the Skin, the Days* (2010)

IX

I am here, but I distance myself. Though my viscera and calendars ground me, I take myself away from who I am, from the person sipping beer and idly reading the paper, watching the world grow old and himself with it. I look down at my horny feet, resting on a weary footstool, and I don't know whose feet they are. They long for escape – they're tired of belonging to me, of being where I end. And what I say silences itself: it doesn't perch on the edge of furniture or on the leaves of the plane trees fluttering, chained to a purple wind, or on things near and far away. No, it wanders, suspicious of the audible, without a skeleton to hang its pronouncements on, or with a lax skeleton, hardly providing a spine for its flames, and it exacerbates roses, or scatters its enigmas, or clings to the breast of the past, to the pain with which I zigzag through my palpitating ruins.

(I feel myself floating away. Words appear, unwilled: clots in the bloodstream or quickened backwaters of blood. Sometimes they gather as nebulae or dark embers. I consent to their pulsation: it is what I want. My pencil doesn't flow as rapidly as language. The shores of thought – which isn't reason, but burning vision – become dilute, and what is spoken is spontaneous, but correct. Sometimes I come to a halt ((in fact it was hard to write the phrase between hyphens; when the brakes engage, I try not to let marauding adjectives trammel my sentence, its vibrant blossoming)) and then I feel the interruption as an incision: I try and distract myself – I sharpen my pencil, flick through a book ((just now it was Manuel Álvarez Ortega's *Complete Poems*)), I look for any excuse to go out of my study and escape its stifling silence; I go and get a glass of water; I masturbate, shut away in the lavatory; I switch on the TV for a bit, and surf through the channels, till I find the most mindless show ((I just watched Nadal beat Seppi in a Spain-Italy match, to avoid relegation from the Davis Cup World Group; as if relegation from the World Group mattered in the least. Nadal ties up his mane with a yellow ribbon, to combine with the red of his Nike top. Seppi is in blue and white, as you'd expect in a player from beyond the Alps. How much meaning there is in symbols, far more than the ideas they symbolise.

recubren con galas aparatosas, fabricadas en alguna maquila tailandesa, como los neanderthales se cubrían con pieles que les hicieran parecer más corpulentos para acudir al combate contra los clanes vecinos); hecho lo cual, regreso a mi mesa y empuño otra vez el grafito— y recuperar el aliento de la elocución, la fluidez articulada con que las palabras se acoplan en la página. No sé cómo lo logro, si es que lo logro. Los mecanismos de la dicción —y del pensamiento— se activan, en buena medida, al margen de la voluntad: algo hierve, helado, insumiso como el barro, exacto como el barro; algo sugerido por un aroma pasajero, o por una incisión de la luz en el ala de una paloma, o por el recuerdo de un pecho acariciado].

Lo que tengo no es mío. Y quien lo tiene no soy yo. Me constituyen los relatos que compongo para consolarme, la sangre de lo que imagino, lo no nombrado, el olvido. Pero ni siquiera eso forma parte de mí: me lo arrebata la lámpara que derrama su linfa sobre la mesa en la que me derramo, el miedo que me fortalece y me estraga, los besos y los ojos y los fantasmas que respiran conmigo y que expirarán conmigo. No revelo lo que he aprendido: que ya no estoy aquí; que el tiempo se desmigaja como una mucosa al sol. Mis brazos ocupan otros espacios, en los que deposito mi soledad y mi semen. Mi lluvia es otra lluvia: un agua arrancada al tiempo, cuyas gotas dibujan mi rostro y la huida mi rostro. Mis órganos se han vuelto nieve, que cae como un plasma abrasador, hermético en su dispersión; o limaduras de plomo, que hieren a cuanto acarician, o que se hieren a sí mismas.

[He mirado dos veces el reloj en los últimos cinco minutos: es una mala señal. Me duele el cuello. No sé si he hecho bien tomándome un *schnapps* de limón. Es raro que beba alcohol fuera de las comidas].

Quiero oír el embate de la sangre, como si rompiera contra un talud de sombra. Y la piel como una detonación. Y superficies que se yergan con el tronar de los labios. Y uñas que se estremezcan al pertenecerme, que ladren y florezcan y se insubordinen, y que luego, en su quehacer diario, recuerden lo pétreo del beso, lo infundido de amor. Quiero que las cosas ocurran por primera vez.

La tarde amenaza lluvia. El vidrio presiente la llegada del agua y se adensa en su transparencia, como si ya lo intimaran dedos serpenteantes. Oigo un retumbar: ¿cruje el cielo? ¿Chirrían su topacio y su humedad? Oigo trepidar a los pechos amados, y a mi propio pecho, en el que advierto el florecer de la senectud: los músculos lacios, el vello tintado de blancura. Los pechos que acaricio son las manos con que los acaricio. Oigo la violencia que subyace en lo naciente.

They come dressed up in flashy gear, manufactured in Thai sweatshops, just as cavemen used to dress up in animal skins to frighten neighbouring clans by their bulk when they went out to battle)). After these activities, I go back to my desk and pick up my pencil again – and take breath to go on speaking, and recover the flow connecting one word to the next on the page. I don't know how I achieve this, when and if I do. The machinery of speech, and thought, is switched on almost unconsciously: something comes to the boil, frozen, resistant as clay, exact as clay, suggested by a fragrance, or a blade of light slicing into a pigeon-wing, or the memory of caressing a breast).

What I have doesn't belong to me. And I am not who owns it. I am an amalgam of the stories I tell to console myself, of the blood of what I imagine, of the unsaid, and of the forgotten. Though not even that is part of me: it is dragged out of me by the lamp spilling its lymph on the desk where I spill myself, by the fear fortifying and ravaging me, eyes, kisses, ghosts breathing in when I breathe in, and dying when I die. I keep to myself what I've learnt: this isn't me here anymore; time crumbles like snot in the sun. My arms take up space in elsewheres, where I store my semen and my solitude. My rain is another kind of rain, rain torn from time: its drops outline my face, where my face drains away. My organs fall as snow, as molten plasma, sealed in dispersion, or as lead filings, wounding what they touch, wounding themselves.

(That makes twice I've looked at my watch in the last five minutes: a bad sign. I've got a stiff neck. It wasn't a good idea to drink that lemon schnapps. I usually only drink with food.)

I want to hear my blood pound as if it broke on a talus of shadow. And my skin explode. And surfaces stand up thundering like lips. And my fingernails tremble with belonging to me, bark, blossom, disobey, and then, as every day they must, remember the permanence of kisses, how deep-ingrained is love. I want things to be happening for the first time.

The afternoon threatens rain. The window senses its arrival, and thickens its transparency, as if forewarned by wriggling fingers. I hear a distant boom: is the sky creaking? Are its topaz and freight of water squealing? I hear trepidation in the hearts of those I love, and in my own, where I feel old age ripen: slack muscles, white hair. The breasts I stroke are the hands I stroke them with. I hear the violence in all nascent things.

No escribo el poema que estoy escribiendo. Preveo que encanezcan los engranajes, que disientan los teléfonos, que se apaguen las sienes: que se archive el mundo, como los álamos que entreveo, sometidos a una lluvia semejante a sal. La descarga se ha producido, por fin: estornudo de sombra y plata. Pero no aplaca a la realidad, sino que la excita: la alimenta de un agua exultante, como una desbandada de luciérnagas. El poema me contempla, asombrado: yo soy sus signos; yo, su negrura y su alabastro.

Me alejaré aún más. ¿De quién es este estómago y su querella? ¿De quién, la tendinitis que me atormenta? ¿De quién, el ansia por que mi fuego se transfunda en otros fuegos, por alearme con otra carne, por aliarme con otro yo? ¿A quién pertenecen los ojos con los que leo lo que no he escrito? ¿Por qué enmascaro lo que digo, diciéndolo? ¿Por qué me sojuzga la identidad?

[Veo, de soslayo, esperándome, la columna de libros que integran la poesía completa de A. F. M., y que me he comprometido a reseñar para el libro-catálogo que el Gobierno de Aragón está preparando en su memoria. Me pasma su capacidad para concebir imágenes. Sus ideas tienen forma y color: son bestezuelas zaheridoras como libélulas. Aunque a veces me gustaría que fueran solo ideas].

¿Qué hago en esta casa, en esta piel?

XXXI

Vuelvo aquí, al lugar del que nunca me he ido; aquí, donde el terror se alía con la inocencia, y las manos no tienen otra cosa a la que aferrarse que las propias manos; aquí, donde el ojo interroga a la página, y vuelca en la página cuanto ha apresado, y vierte la tinta espectral de los años, y el oro podrido de las cosas, y el zumo de su propio cristalino; aquí, donde los objetos, huérfanos, se preguntan qué forma revestirán, o qué temblor seré capaz de conferirles; aquí, donde soy, escribiendo, y me abraso, escribiendo, aunque se haya borrado mi nombre, y vague por los despeñaderos de la ignorancia, y el cuerpo se llene de explosiones silenciosas, de días átonos.

Vuelvo a la vecindad de los papeles. Me observan cosas que podrían ser, pero que pasan, sin cuerpo y sin resplandor. Claman por la lengua que las diga, pero perecen en la inexistencia. Se asoman a mí, con turbulencia germinal, pero concluyen: antes de disiparse, antes de amar.

I'm not writing the poem I'm writing. I anticipate machinery greying, telephones dissenting, my temples switched off: the world shelved, like the poplars I glimpse bent double by a rain like salt. The deluge has come at last: a sneeze of silver and dark. But it doesn't soothe reality, it inflames it: it feeds it with exultant water, like a rout of fireflies. The poem gazes at me, astonished: I am its signs, its coal and alabaster.

I distance myself, even more. Whose is this belly and its rumble? Whose the tendinitis that racks me? Whose the longing that my fire meld with other fires, that I could alloy myself with another body, ally myself to another self. Whose are the eyes I use to read what I haven't written? Why do I mask what I say, as I say it? Why does identity vanquish me?

(Out of the corner of my eye I can see, waiting for me, the volumes of A.F.M.'s *Complete Poems*, which I've agreed to introduce for the bibliography which the Aragón government is publishing in his memory. I'm amazed by his imagery. His ideas have shape and colour, like stinging bugs. Though sometimes I'd prefer them to be just ideas).

What am I doing in this house, in this skin?

XXXI

I'm back here in the place I never left; here where terror is in league with innocence, and hands have nothing to cling to but themselves; here where my eyes interrogate the page, and pour onto the page whatever they've taken hold of, and drip the spectral ink of the ages, the rotten gold of things, the juice of their lenses; here where orphaned objects wonder what shape they'll assume, or what trembling form I can give them; here where I write and consume myself writing, though my name has rubbed away and I roam the crags of ignorance, and my body is full of silent detonations, and toneless days.

I'm back within reach of paper. Things observe me, fraught with possibility, but they vanish, unresplendent ghosts. They cry out for expression, but perish in the void. I swim into their view with a germinal turbulence, then they conclude, before they fade, before they love. Dust

El polvo podría ser piedra; la transparencia, oscuridad; lo que reconozco podría reconocerme. El mundo posible me aplica su ley: si duerme en el barro, me embarra de pureza; si muere, también yo muero; si alcanza a vivir, me destruye. Veo un promontorio que no es un promontorio, y una casa que ha sido demolida, y una luz que ennegrece. Veo gestos sin movimiento, noches sin madrugada, sinrazón sin irracionalidad: nombres que no designan, o que encarcelan. Me veo a mí, manoteando en la incertidumbre, para abonar la incertidumbre, atrapando lo que sobrenada en el tiempo, con hambre de signos y de prodigios: creando para crearme. Veo, aunque me haya arrancado los ojos.

Estoy aquí, encajado en mi tórax. Siento el peso tímido de los testículos. Esparzo en el polen el polen de mi muerte. A mi alrededor se reúne lo oscuro, abrazado por lo que resplandece. Quiero coger el reloj, pero se aleja. Me gustaría atravesar el aire, y desvelar lo que oculta, y eyacular en su herida, pero me intimida su impenetrabilidad: su cuchilla ubicua, unida a otras armas incorpóreas. La pantalla del ordenador no deja de interrogarme: cuanto más escribo, más ignoro. La goma con la que borraré casi todas las palabras de este poema descansa en un reposavasos oxidado, que ya he mencionado en otro poema. [La tecla *Supr* es otra área del córtex cerebral: su circunvolución más creativa. En alguna ocasión he acariciado la idea de componer un vasto poema, integrado por sus sucesivas correcciones, desde el manuscrito original hasta su versión publicada: un palimpsesto interminable]. Todo se escuda en su ser, para no ser; todo es su yo inacabable, que muda jubilosamente en tiniebla; todo se vuelve enemigo, pero sonríe. Y yo observo su migración como quien contempla el desbordamiento de un río.

Acuden realidades a las que no he dado representación. [También he pensado en componer un poema enteramente fragmentario (¿enteramente fragmentario?) con retales no utilizados de otros. Pero ¿no es todo poema un remiendo, una sucesión de costurones?]. Los champiñones de hormigón que jalonan los campos de Albania. El barbero que, para mantener la muñeca caliente, le recorta el pelo a un maniquí de plástico, sentado en una butaca de la barbería. El perdigón de vidrio de un vaso roto a muchos metros de distancia, que me impacta en el ojo mientras como en un restaurante [y que me lleva a pensar en lo milagrosa que resulta nuestra indemnidad, entre tantas asechanzas del azar]. El móvil que le suena al que está meando a mi lado, en el lavabo de un antro, y al que responde sin dejar de orinar. Un verso de Ashbery: *As Parmigianino did it, the right hand/ Bigger than the head, thrust at the viewer/*

might be stone; transparency, darkness; what I recognise might recognise me. The world of possibilities subjugates me to its law: if it sleeps in the dirt, it besmirches me with purity; if it dies, I die too; if it achieves life, it destroys me. I see a headland which is no headland, and a house which is a house of air and a blackening light. I see motionless gestures, nights with no dawn, rational unreason: names naming nothing, gaolers; I see my hands windmilling in bewilderment, bewildering, trapping what floats in time, hungry for signs and wonders, creating to create my self. I see, though I've gouged my eyes out.

I'm here, embedded in my thorax. I feel the shy weight of my testicles. I scatter in pollen the pollen of my death. Around me darkness gathers, wrapped in light. I want to hold down the clock, but it escapes. I'd like to pierce the air, and reveal what it hides and ejaculate in its wound, but its impenetrability frightens me: its ubiquitous blade, with its other disembodied weapons. The computer screen is insatiable: the more I write, the less I know. The rubber I'll use to erase most of the words of this poem rests on a rusty coaster. I've described it already in another poem. (The Delete key is one more zone of the cerebral cortex. I once played with the idea of composing a vast poem made up of the series of deletions between the original and the final, published version: an interminable palimpsest.) All hides in its being, so as not to be. All is its indestructible self, joyfully mutating in the shadows; all becomes its own smiling enemy. And I watch its migration as one might watch a river burst its banks.

Phenomena undescribed by me come into view. (Another idea I had was to write a poem entirely made up of fragments ((wholly fragmentary?)) of cast-offs from other poems. But isn't any poem a patchwork, a series of seams?). The concrete mushrooms that litter the fields of Albania. The barber who, to keep his hand in, cuts the hair of a mannequin, seated in his barber's chair. The glass pellet from a wineglass broken on the other side of the room hitting me in the eye while I dined in a restaurant (and this reminds me how miraculous it is that we survive unscathed so many things fate throws in our way). A man's mobile rings as he's peeing next to me in the toilet of some dive, and he answers it, still peeing. A stanza of Ashbery's: *As Parmigianino did it, the right hand/Bigger than the head, thrust at the viewer/And swerving*

And swerving easily away, as though to protect/ What it advertises, que fluye con sincopada nasalidad en la penumbra de una sala, en cuyo vestíbulo se desarrolla un desfile de *Mango* [cuando salgamos del museo veremos a dos modelos, esquemáticas, meterse en un coche de la organización]. Violet, de la que podría enamorarme. Lara, de la que también podría enamorarme. La conjetura de que merece la pena vivir —de que el sol es sangre, y la sangre, ahora, y el ahora, eternidad—, aunque todo se hunda, con la impaciencia de una ola, en el cráter de la muerte.

    Todo se dirige a la afirmación, pero se embebe en la indiferencia. Todo tropieza en mí, y yo tropiezo en todo. Camino por lugares que se me ofrecen como alambradas, y que me desgarran como amapolas. Salgo de casa, piso los minutos, recorro la piel: es una hoguera helada, cuyos espejismos incorporan matices de antracita o sugieren hipótesis de suicidio. Hago otros hallazgos en este camino desolado: un puñado de relatos, que describen mi desvalimiento, a los que me empeño en llamar poemas; el flagelo de la serotonina; la pesadumbre de ser alguien. Y me sujeto las manos como si fueran a echar a volar [de hecho, vuelan: se alejan de mí, surcan espacios que aún no he bautizado, se extravían en la vastedad de lo cercano. Las manos recuerdan. Por fin, se funden con el lápiz que sostienen]. Todo puja, aun lo carente de fuerza para ascender: lo que no puede brotar. Discrepo del desorden: hablo. Escupo sueños: me desangro. Abrazo al viento, a lo ininteligible, a la tristeza: me abrazo a mí. Y persevero en la senda que he elegido [*Two roads diverged in a wood, and I—/ I took the one less traveled by*: recuerdo a Danny recitándome estos versos de Frost, mucho antes de que quisiera ser poeta], que serpentea por países nocturnos, y que iluminan lunas desprendidas de sus cielos. Me rodea lo que no ha existido: lo nunca oído. Pero narro. Pero grito. Deshojo sustantivos, y me desequilibro, pero ese desequilibrio me sostiene. Atiendo a las ecuaciones de los sentimientos y a los borborigmos de la razón: soy mortal. Todo se yergue, aunque perezca. Y sobrevivo, fugazmente, en la duda y la alegría.

easily away, as though to protect/What it advertises, flowing jerkily, nasally in a darkened room, and next door a Mango fashion-show (when we leave the museum, we'll see two schematic models getting into a Mango limo). Violet, I could fall in love with; Lara, I could also fall in love with. The theory that life is worth living – that the sun is blood, and blood is now, and now eternity – though everything is swallowed, like a wave breaking, in the crater of death.

Everything tends to affirmation, but stalls in indifference. All trips and falls in me, and I in it. I walk through streets like barbed-wire. They pluck me like the petals of a poppy. I go out and trample minutes, walk over my skin: cold fire whose mirages contain anthracite greys, potential suicides. I make new discoveries in these dismal roads, a handful of stories whose theme is my helplessness, and I insist they are poems; the scourge of serotonin; the burden of being. And I hold down my hands as if they might fly away (then they do fly away, they ply through spaces I haven't given a name to yet, lost in the vastness of the near. Hands remember. Until they become one with the pencil they hold). Everything takes part in the struggle, even what can't stand up: what can't come into bud. I oppose myself to chaos: I speak. I spit out dreams: I bleed. I embrace the wind, the unintelligible, and sorrow. I hug myself. And I keep to the path I chose (*Two roads diverged in a wood, and I – I took the one less traveled by*: I remember Danny reciting Frost's lines to me, long before I had any wish to be a poet). A path that meanders through night worlds, lit by moons dislodged from their skies. I walk through what never was, nor rumoured to be. But I narrate. I cry out. I tear the leaves off nouns, and lose my balance, but what unbalances me sustains me. I study the equations of feeling, the rumblings of reason: I am mortal. All stands erect, though it perish. And I survive, for now, in doubt and joy.

De *El desierto verde* (2011, 2012)

Sendero de la Cuesta

La sequedad impregna los ojos, y luego desciende por los entresijos craneales, y atraviesa la tráquea, y desagua en los alveolos, impacientes por dilatarse, y se diluye, por fin, en una sucesión de estremecimientos cordiales y contracciones gástricas. La sequedad promueve el silencio, como si reprimiese cuanto quisiera surgir y derramarse, cuanto participase de la condición de barro y meteoro. Y en silencio caminamos, observando la delicadeza con que se posa el aire en las jaras despeinadas, la monotonía siderúrgica de las cigarras, la extinción y, a la vez, el nacimiento de las sombras [mueren las astilladas por el sol, depositarias de una frescura híspida, que se asienta en un afuera ilimitado; brotan las que desgrana el ocaso, que empieza a almendrar las crestas de los cerros]. Las sombras son una promesa, pero también un engranaje: ocurren, no transigen; chirrían en los recodos del camino, o en las peladuras de los desmontes, o en el abombamiento de las colinas. Las sombras son proyectiles que se extinguen cuando impactan; son el silencio de la luz, indelebles como la luz. Caminamos. Se acercan tres, cuatro perros, entre ladridos metálicos, que resuenan en las laderas como la tos de un escrofuloso. La sed es un fluido. También los pasos que damos, enhebrados por una voluntad sin propósito. Los árboles, despellejados, nos adelantan: su prisa es subterránea y celestial; su ajetreo, un atropello de saprofitos e inflorescencias. De una casa, a la que se dirige un sendero perezoso, llegan una música arriada y cascotes de conversaciones; de otra, cenicienta de encinas, solo oímos el temblor acrílico de su quietud, el zumbido de la invisibilidad. El camino conduce al repetidor de televisión. El sol es un agujero de fuego, que se reblandece en ocres soliviantados, en regatos que no están, en muros cuyos helechos murmuran. La sequedad nos estraga, aunque agonice. Caminamos. Sonreímos. Lejos, una campana.

* * *

from *The Green Desert* (2011, 2012)

Sendero de la Cuesta

Drought infiltrates the eyes, and then descends through the secret spaces of the skull and down through the windpipe, and drains into the eagerly dilating alveoli, and finally dissolves into a series of heart tremors and contractions of the stomach. Dryness encourages silence, as if suppressing every impulse to rise and spill, anything muddy and meteoric. And we walk silently, observing how delicately the breeze alights on dishevelled thickets, the metallic drone of the crickets, the simultaneous eclipse and birth of shadows (some, cool bristling larders of the limitless outdoors, die splintered by the sun; others come into bud, peeled by the sunset as it turns the peaks into almonds). Shadows are a promise but also a mechanism: they take place, they are intransigent; they squawk where the track bends, or in the bare patches of clearings, or on the swollen hills. Shadows are shells that die on impact; they are the silence of light, indelible as light. We walk. Three or four dogs come towards us, their metallic barking echoing back from the hillside, like a tubercular cough. Thirst is a liquid. So are the steps we take, threaded on an aimless will. Skinned trees sweep past us: their haste subterranean, celestial; their threshing a jostle of saprophytes and inflorescence. From one house, up a lazy path, we hear stricken music snatches of talk; from another, ashen with oaks, all we hear is a trembling acrylic silence, the buzz of invisibility. The track leads to a TV mast. The sun is a fiery hole, softening into rebellious ochres, into absent streams, into walls where weeds murmur. Drought ravages us, even in its death throes. We walk on, smiling. A bell sounds, far away.

* * *

El paisaje es una lenta masticación de piedra. Salgo a la calle y veo sus claroscuros diamantinos extenderse por los muros de la iglesia, por los castaños que se mecen a su puerta, por el silencio. Cuando el camino termina, la piedra se descabala, se insubordina como un fluido, estalla en aglomeraciones laxas, en filamentos exasperados. La piedra es una marejada silícea, que se amansa en los sembrados y se geometriza en las casas, tras conocer todas las manifestaciones de la efervescencia: la lujuria domesticada de los campos de labor y la vehemencia agraz de lo infértil; los meandros con que los ríos penetran en lo impenetrable y el oasis alborotado de los peñascos. Un tumulto equivalente zarandea al pueblo: los ajimeces parten la mirada; las dovelas espumean en blasones; un edificio municipal, descascarillado como una mala dentadura, interrumpe la floración del granito. Y, coronando el hervor, el vuelo inmóvil de los cirros. La piedra entra en mí: irradia una luz coriácea, que me conduce al interior muelle de la materia. Nado en la piedra, que me cubre como una mano, y advierto intersecciones cartilaginosas, cicatrices que me besan, depósitos en los que convergen mis flemas y mis equivocaciones. ¿Este hombre que pasa a mi lado, con su gorra campera y su bastón, ve la misma piedra que yo, las mismas nubes desarraigadas, el mismo azul devastado por el sol y las avispas? ¿Siente, como yo, su rayo de penumbra, su serpenteante quietud? ¿Oye en la piedra el eco fulgurante de su reblandecerse? Mis venas son las venas de la piedra, por las que circula una linfa negra, un rumor de oro; también lo es mi piel, tintada por un viento como una gumía. La piedra se mueve; yo permanezco. Las sombras que segrega me iluminan.

* * *

Los Álamos, 9

La casa es de piedra. Aquí se guardaban el grano y los animales. Aquí ardieron troncos y desperdicios. Aquí se caldearon las bestias y, quizás, los hombres. [Una pared del comedor conserva un tatuaje de humo]. Ahora abrimos tetra-briks y comemos platos precocinados, resucitados por el microondas, junto a esta traza neolítica. El hedor glúcido de la bosta se mezclaba con el aroma sulfuroso del trigo: con el polvo que espesaba la penumbra. Conozco ese sabor a oro agrio, y la entereza de la suciedad en que se asienta la supervivencia. Esta casa fue mía mucho antes de

The landscape is a slow mastication of stone. I go outside and see its diamantine chiaroscuro spread over the walls of the church, over swaying chestnut trees at its gates, over the silence. At the end of the track, the stone crumbles, rebels like a fluid, explodes into slack agglomerations, into angry filaments. Stone is a silicon tide, tamed in the fields, and geometrical in buildings, after undergoing every stage of effervescence: the domesticated lushness of farmland and the bitter vehemence of barren ground; the meandering of rivers as they penetrate the impenetrable and the rowdy oasis of boulders. A similar tumult rocks the towns, mullions divide the view; voussoirs foam as blazons; municipal buildings, chipped like bad teeth, interrupt the granite bloom. And, above all the ebullition, the motionless glide of cirrus. Stone invades me: irradiating a leathery light, which leads me to the inner spring of matter. I swim in stone; it covers me like a hand, and I see cartilaginous joints, scars kissing me, tanks in which my spittle mingles with my lies. Does this countryman now passing, with his cap and stick, see the same stone as me, the same uprooted clouds, the same blue laid waste by sun and wasps? Does he sense, like me, its penumbrous rays, its calm meander? Does he hear in the stone the fulgurant echo of its softening? My veins are veins of stone, through which a black lymph circulates, a rumble of gold; my skin is stone too, dyed by a wind like knife. Stone moves; I stay where I am, illuminated by the shadow in the stone.

* * *

Los Alamos, 9

This is a stone house, once a shelter for animals and grain. Here logs and waste were burned. Here animals, perhaps men too, were kept warm. (One wall of the dining-room is tattooed with smoke.) Now we open Tetra Paks and eat pre-cooked food, brought back to life by the microwave, next to the Neolithic markings. The carbohydrate stink of manure mingled with the sulphur smell of wheat: with the dust motes thickening the half-dark. I recognise that taste of sour gold, and the integrity of dirt on which survival is founded. This house was already

serlo. El yeso de las paredes se adaptaba a las irregularidades del adobe, y los muros se sucedían como un oleaje calizo, con flujos musculares y reflujos cavernosos. Las puertas de las casas tenían gatera [como ayer observó Teresa, al advertir varias en las calles de Gata] y los patios eran umbráculos sin techo, cuyos laberintos de cal y de silencio capturaban la humedad. El agua bajaba por las calles como un dedo enorme, cuyas falanges eran las esquinas, cuyos meandros eran también las esquinas, adamascado de fríos, de grises erizándose. Aquí se desploma el sol con idéntica inclemencia: caen sus pámpanos eléctricos, se engarabita en fuegos chorreantes, cuaja en incandescencias saledizas, que se aprietan contra las superficies como una piel contra otra piel. La casa promueve un sol menudo, que se descompone en lágrimas endurecidas y se filtra por los resquicios como un ejército de hormigas centelleantes. Esta casa conoció asimismo el hambre: el ardor negro de quienes saben que solo a ellos incumbe el desamparo, que la intemperie es también una morada; el fulgor de los sobrecogidos por cada golpe de hogaza, por cada res que se desploma, por cada estocada de la respiración. Luego llegaron a esta casa coches borrachos y sucesos efímeros e inmundicias, que contribuyeron al esplendor oblicuo de su perduración. Yo he paseado por esta casa antes de que se levantara, antes incluso de que fuese imaginada, cuando su construcción era solamente otro ensueño de la penuria. Y en sus muros inexistentes he encontrado el camino de la materia, que excedía de sus límites, y tendía a mí, y me aprisionaba con sus espátulas feroces, y me convertía en otro avatar de la piedra, blanca como la ausencia, negra como el mediodía, piedra derramada, cuyo destino es el instante y la muerte.

mine long before I owned it. The plaster clung to the bumpy adobe, and the walls followed one another in a limy swell, in a muscular flow and a cavernous ebb. There were cat-flaps in the doors of the houses (as Teresa remarked, seeing several in the Gata streets) and the yards were roofless repositories of shade; their labyrinths of lime and silence trapped the damp. Water came down the streets like a mighty finger, whose bones were the street-corners, whose twists and turns were also the corners, damasked with cold and bristling greys. Here the sun plummets down as mercilessly: its electrical tendrils descend, it rises in floods of fire, it curdles in suspended incandescence pressing down on surfaces like skin against skin. The house hosts a diminished daylight, which fractures into brittle tears and filters in through nooks and crannies like an army of glinting ants. This house also knew hunger, the dark ardour of those who know it falls only to them to bear the burden of helplessness, the elements are also a dwelling-place; the radiance of people who are startled by each loaf of bread, by the death of every cow, by the stab of every breath. Then drunken cars arrived at this house, ephemeral events, dirt all contributing to the oblique splendour of continuing existence. I walked through this house before it was built, before it was even thought of, when it was only another fantasy of the poverty-stricken. And in its non-existent walls I found the way through to matter, overspilling what contained it, and it reached out to me and held me with ferocious putty-knives, and transformed me into another avatar of stone, white as absence, black as noon, spilt stone, whose destiny is the momentary, and is death.

De *Insumisión* (2013)

Este silencio es, otra vez, la palabra:
este silencio en el que resuenan los engranajes de la sangre
y se desbarata la geometría de los sueños. En este clamor mudo
distingo un rostro asombrado. Sé de la extrañeza de estar aquí,
de hablar sin que se muevan los labios, de acuñar el silencio,
que es una pared y un derramarse, y también un cuerpo,
cuya muerte me pertenece. Este paisaje carece de centro,
como el desierto, y posee su misma indiferencia oleosa,
idéntico ensimismamiento sin yo. Los ojos de la nada
me miran: su palidez es lunar, pero en sus ángulos
encuentro cristalizaciones de la inocencia,
árboles que proyectan una sombra embrionaria,
avatares que han conocido el desatino del nacimiento.
En este silencio sobrevivo como un náufrago en una playa
sin cartografiar, ceñida por fumarolas y saxífragas.
El peso del aire, vestido de tristeza, es mucho,
y me golpeo en sus esquinas, que sobresalen
como cantiles de sombra
                      o púas de cinc.
El aire imanta la carne, hueca. Las pupilas están huecas.
El sexo, refugio de oxiuros y tinieblas, está hueco.
También los nombres están huecos: no me desprendo de ellos,
ni me redimo con ellos. Afronto el silencio
                                  como si litigase con lo ausente.
Ahora oigo el canto de un pájaro: es maleable y amarillo.
Se me clava el lápiz con el que hiero el papel.
Considero la posibilidad de comprobar el correo electrónico
[lo he hecho inmediatamente después de escribir este verso:
un mensaje de Juan Manuel, una espeluznante oferta de Viagra,
una llamada a la insumisión contra Esperanza Aguirre
y otra a la independencia de Cataluña],
o de hojear alguno de los libros que me observan desde sus nichos
en las estanterías, o de encender la luz del despacho, porque la claridad,
magullada, se inclina a la fuga. Descarto la solicitación de lo baladí, pero
dudo de que nada significante me interpele. Soy estas

from *Disobedience* (2013)

This silence is, again, words:
this silence in which blood grinds its gears,
and the geometry of dreams is dismantled. In this mute clamour
I can see a startled face. I know how strange it feels
sitting here, speaking without moving my lips, minting silence,
which is wall and spillage, and also a body
whose death is my own. This landscape lacks a centre,
like the desert, and has an identical oily indifference,
identical egoless inwardness. The eyes of the void
observe me: pale as the moon, but in their corners
are crystals of innocence,
trees casting embryonic shadows,
avatars fallen into the error of being born.
I survive in this silence like a castaway
on an uncharted shore, surrounded by fumaroles and rockfoil.
The air weighs heavy on me in its mourning weeds
and I snag myself on its sharp edges
like shelves of shadow
                            or zinc prongs.
Magnetic, the air pills hollow flesh to it, hollow pupils,
hollow penis, refuge of pinworms and darkness.
And names are hollow: I can't get rid of them
and they won't redeem me. I confront silence
                                      as though I sued a ghost.
Now birdsong: malleable, yellow.
The pencil I use to wound this paper pierces my hand.
Perhaps I'll check my email
(I did, after I wrote that line:
a message from Juan Manuel, a hair-raising spam for Viagra,
a round-robin attack on Esperanza Aguirre,
a petition for Catalonian independence),
or I might dip into one of the books staring down
from my shelves, or I might switch on
my study lamp, since the bruised light
is leaking from the day. I resist the appeal
of the trivial, though I doubt a more significant voice

nimiedades que se apilan en los párpados y anteceden
al pensamiento; soy estos actos oscuros.
Ahora lo sé. Digo, sin enunciar nada. Me acerco
a lo que huye, como quien acaricia el arma
que va a herirlo. Me acerco a este rostro pasmado
que me mira desde el azogue de la mesa. Me acerco, sí,
pero, agraviado por una sombría incandescencia,
me retraigo a un lugar ahogado de invisibilidad,
creciente como una luna
                      que se desploma.
¿Quién eres?, preguntan las palabras [las palabras son los sujetos
de nuestros actos; no hay hechos, sino descripciones de los hechos],
¿quién ha esculpido tu silencio y apuntalado tu vulnerabilidad?
¿Por qué sigues enlazando sílabas, como si los nombres fueran la vida,
como si morir fuese un anacoluto?
¿A quién sonríes,
si toda sonrisa es un anochecer? ¿Qué horas
insemina tu lengua o destruye tu lengua,
a qué horas da sentido este corazón negro, este calamitoso
corazón, que patalea en sus profundidades calcáreas,
que se tiende en harapos al sol
y enseña un pecho tatuado de alegría
y terror? Antes me poseía el espanto de ignorar
quién era el que se preguntaba quién era: ahora
eludo el abrazo pavoroso de esa desazón
mediante el ejercicio hipnótico del fingimiento
o el consuelo triste del olvido.
Y en este tránsito me he desprendido de la placenta
y de la piel: ya no me rozan las alas de los pájaros,
ni me perturba la mansedumbre con que aceptamos el dolor,
ni me asombra el caminar sereno —o acaso irreflexivo— de mi madre
hacia la muerte; la espesura de la ficción sustituye a los antiguos
bálsamos. Pero hoy insto a la conciencia a fructificar,
en lugar de languidecer en esta
                      urna fuliginosa. La urjo
a alejarse del engaño que es un libro entreabierto,
o esta pluma que me regaló alguien a quien he olvidado,
o el reflejo de mi cara en el cristal
que me separa de un cielo

addresses me. I am these nothings
weighing on my eye-lids, prefaces of thought.
I am these dark acts. I realise that now.
I speak, pronouncing nothing. I seek
what flees me, like a man stroking a weapon
which will turn on him. I seek the stunned face
gazing up at me from the quicksilver desk.
Yes, I seek it, but, injured by a sombre incandescence,
I retreat to a place drowned in latency,
crescent like a moon
                          plummeting.
Who are you? the words ask (words are the subjects of our acts;
there are no deeds, only descriptions of deeds).
Who carved your silence, and who underpinned your fragility?
Why do you string syllables together, as if the names of things were life,
as if death were an anacoluthon?
Who are you smiling for,
if smiles are nightfall? What hours does your tongue seed,
or what hours freeze your tongue,
what hours does your black, calamitous heart
invest with meaning when it beats so loudly
in its stony depths, when, in its rags, it lies
out in the sun, and bares a breast tattooed
with joy and horror? Once I lived in fear,
I didn't know who wondered who I was: now
I duck those anguished arms,
I hypnotise myself with fictions
or the sad recompense of oblivion.
And by the wayside I have shed
placenta and skin; I don't feel the feathery
touch of a bird's wing; I am not troubled by
how timidly we welcome suffering,
I'm not astonished by my mother's serene,
perhaps unthinking, amble towards death;
the blankets of fiction replace the former comforts.
But today I spur my mind into fruition,
no longer languishing
in this sooty urn. I urge it away
from the decoy of a gaping book,

inhóspito. Sé quién soy, porque persisto,
porque un poema es un pretexto
es una oración es un cadáver, porque las grietas
son también caricias, y ya llega la primavera, con su séquito de impaciencia
y mierda, y este cuerpo encaja aún los golpes
de los besos, y la lealtad royente
del insomnio, y el peso insoportable de la esperanza.
Sé también quién no soy:
no soy el fiel, ni el que cree,
ni el inteligente;
                    no soy el que agradece haber nacido,
sino el que deplora aquel arrebato bioquímico,
estimulado por la charanga de cualquier verbena
y las fanfarrias de un barrio miserable, en el que se bebía
vino a la puerta de las casas, y los hermanos se morían de tuberculosis,
y se comerciaba con leña y alpargatas, y rostros blancos eran cuarteados
por manos oscuras, como cartelas de yeso resquebrajadas por el vendaval,
y los niños colgaban de los pechos de las mujeres como las reses
cuelgan de los ganchos oxidados de los matarifes;
y tampoco soy el que escribe estas palabras,
envuelto por la humareda de la lluvia,
ni el que oye el crepitar cárdeno de la noche asediada
por el fuego de la terminación,
ni el que piensa en qué hará cuando acabe este poema
y el corazón siga deshaciéndose en una conspiración de latidos,
y la muerte se jacte
                    de su plenitud incorporal
y se ría de mi terror, espeso como el calostro,
de este no ser quien soy
y, no obstante, esperar, ulcerarme,
adormecerme.
              Sé quién habita en mí: alguien
que no consigue escapar de esta habitación renegrida
por las luces del tiempo, ni de la opresión de un cuerpo
que tiende a lo alto, pero tropieza
con cosas mutiladas, con seres que vuelan
bajo tierra; alguien que contiene sombras
estucadas de hielo,
                encajadas en la existencia

from this pen, gift of a forgotten hand,
from my face reflected in
the window-pane that separates me from
the inhospitable heavens.
I know who I am, since I persist, and since
a poem is a pretext is a prayer is a cadaver, since
fissures are caresses too and spring is coming
with its outriders of restlessness
and dung, and my body still receives
the slap of kisses, and the corrosive
comradeship of insomnia, and the unbearable
weight of hope; I also know who I am not:
not the faithful one, not the believer,
nor the intelligent man.
                        I am not grateful to have been born,
rather I regret that biochemical event,
set in motion by the hullaballoo of fiesta
in a slum district, where people drank wine
on their doorsteps, and their brothers were dying
of TB and they traded timber and espadrilles, and white faces
were split by swarthy hands, like plaster cartouches cracked
by the wind, and babies hung from their mothers' breasts
like carcasses from rusty butcher's-hooks;
and I'm not the person writing this,
in a cloud of drizzly mist,
and I'm not the person listening to the violet crackle
of night besieged by the fires of extinction,
and I'm not the one wondering what I'll do
when this poem is written
and my heart explodes in a conspiracy of beats,
and Death boasts
                    of his ethereal mastery,
and laughs at my terror thick as colostrums,
at this un-self which is me,
and nonetheless hopes, ulcerates
and sleeps.
           I know who lives in me: a man
unable to escape this room
blackened by the lights of time,
unable to slough the weight of a body

como las mamparas de teca en un sampán,
con el gorjeo de un pájaro
clavado en el vientre
                    y el tejer de la madre devanándose
en la rueca enfurecida de la nada;
alguien que hoy es ayer y mañana será nunca, nadie,
                              nada,
objeto de la alquimia eterna de la muerte y de otras transformaciones
indecibles [lo indecible lo es, no porque se carezca de palabras,
sino porque se carece de entidad: no nombramos,
porque hemos sido incapaces de erigirnos en interlocutores
de lo que nos interpela]; alguien que convive con su putrefacción,
aturdido por la certeza de que se pudre.
Oigo el lamento de las campanas.
También ellas perecen en el lodazal del cuerpo.
Decimos lágrimas, pisamos los ojos decapitados,
el estómago poseído por la electricidad.
La lámpara me interroga, pero no sé
la respuesta.

* * *

Los incapaces de silencio: imbéciles. Los sojuzgados por su yo, a cuya animalidad imperiosa entregan sus horas y su energía: imbéciles. Los que tragan polvo tras una imagen de circonio y escayola, y se agreden por encaramarse a una paloma de la que tira un burro: idiotas. Los que rezan cinco veces al día, y dan siete vueltas a un meteorito, y creen que setenta huríes eternamente vírgenes les esperan para que gocen de sus cuerpos cuando ya no tengan cuerpo: más idiotas todavía. Los que se atrincheran en el uniforme para no enfrentarse al abismo de la desnudez: estúpidos. Los que gritan en estadios, o aplauden en platós, o votan en elecciones: borregos. Los que reprueban a quienes gritan en estadios, aplauden en platós o votan en elecciones: zotes. Los que se indignan con los elegidos en las urnas: bufones. Los que creen que el amor es para siempre: memos. Los que creen en las palabras: los campeones de la estupidez. Las que se cubren de los pies a la cabeza para no excitar la impudicia del varón: burras. Los que escriben poemas para consolarse del

reaching for the heights, but stumbling
over broken things, over creatures
in flight beneath the earth; a man
who contains ice-clad shadows
                                    slotted into life
like the wooden screens of a sampan,
with a bird's trill
nailed into his belly
                       and his mother's weaving
rattling crazily round the loom of nothingness;
a man who is yesterday today, and tomorrow will be never, no-one,
                                                        nothing,
who undergoes the alchemy of death and other indescribable
metamorphoses (indescribable not because we don't have the words,
but because we are not real enough to name them
because we haven't been able to face what summons us);
a man who lives within his own decay
bewildered by its undeniability.
I hear the weeping of the bells.
They also die in the mud of the body.
We speak tears, we trample on headless eyes,
our stomachs electrified.
The lamp interrogates me; I don't have
any answers.

★ ★ ★

Those who are incapable of silence: imbeciles. Those so enslaved to their ego that they devote all their time and energy to its animal tyranny: imbeciles. Those who eat dust before an image of plaster and zirconium, and those who do violence to themselves by climbing aboard a dove pulled by a donkey: idiots. Those who pray five times a day, and circle a meteorite seven times and believe that seventy houris, eternal virgins, are waiting to pleasure their bodies when they no longer have bodies: bigger idiots still. Those who swathe themselves in a uniform so as not to face the abyss of nudity: stupid. Those who yell in stadiums, or clap in TV studios, or vote in elections: sheep. Those who criticize those who yell in stadiums, or clap in TV studios, or vote in elections: dimwits.

mundo: majaderos. Los que sostienen que un poema que no se entiende es un mal poema: lerdos. Los que creen que las cosas existen más allá de la representación de las cosas: mentecatos. Los que opinan que decir las cosas crea o transforma las cosas: asnos. Los que están seguros de que ETA, con la complicidad del gobierno socialista, cometió los atentados del 11-M: retrasados mentales. Los que creen que el premio Planeta es un premio literario: tarados. Los que se alargan el pene, o se aumentan los pechos, o se agujerean las orejas o el clítoris: estultos. Los que escriben porque así satisfacen las expectativas de su padre, o redimen a su padre, aunque se condenen ellos: imbéciles redomados. Los que rebuznan nacionalcatólicamente en las covachas televisivas del filofascismo: subnormales. Los que, cuando se encuentran ante una opinión unánime, no sienten la obligación moral de discrepar: mamelucos. Los que predican la unidad de la patria, tanto si ya existe como si quieren que exista: pendejos. Los que berrean que los inmigrantes tienen la culpa, y los que se enfadan por que se diga que los inmigrantes tienen la culpa, o cualquier otra necedad: obtusos. Los responsables bancarios que han concedido hipotecas ciclópeas a inmigrantes con un sueldo exiguo y el aval de un familiar: criminales. Los inmigrantes que han suscrito esas hipotecas, sin saber qué era un aval, ni apenas una hipoteca: zoquetes. Los que dicen «el piloto se rompió *su* mano», como si pudiera romperse la de otro: analfabetos. Los que cometen la grosería del entusiasmo: badulaques. A los que les gusta Raphael, Belén Esteban, José Mourinho o José Luis García Martín: tarugos. Los que componen enumeraciones, con la esperanza de que las enumeraciones compongan el poema: tontos de capirote. Los que se afanan por adquirir seguridades, cuando la única seguridad es la muerte: beocios. Los que se van de putas: zopencos. Los que celebran la adhesión, la adscripción, la profesión, la doctrina, la certidumbre de la jefatura, el calor del establo: lelos.

★ ★ ★

Those who rage against politicians: buffoons. Those who believe love is eternal: clowns. Those who believe in words: world-class stupid. Those who cover themselves head to foot so as not to excite male lust: jennies. Those who compose poems to console themselves from the world: fools. Those who maintain that an obscure poem is a bad poem: half-wits. Those who believe that things exist independently of their representation: dolts. Those who think that to speak of a thing is to create or transform it: asses. Those who are certain that ETA, in league with the socialists, were responsible for the terrorist attacks of March 11th: simpletons. Those who believe the Premio Planeta is a literary prize: nuts. Those who have their breasts or penis augmented, or pierce their nose or clitoris: ninnies. Those who write to fulfil their father's hopes, or to redeem their father, though they damn themselves: inveterate fools. Those who bray patriotism and religiosity in the televisual cubbyholes of philofascism: lummoxes. Those who faced with unanimity don't feel morally obliged to dissent: slaves.. Those who preach the unity of the fatherland, whether it exists already or they only want it to exist: nincompoops. Those who bellow the immigrants are to blame, and those who are angry with those who bellow the immigrants are to blame, or any other nonsense: obtuse. The bank officials who signed off gargantuan mortgages to immigrants on tiny wages with the guarantee of a family member: criminals. The immigrants who took on these mortgages, not knowing what a guarantee meant, barely knowing what a mortgage was: blockheads. Those who say 'myself' when they mean 'me': illiterates. Those who commit the vulgarity of enthusiasm: idiots. Fans of Raphael, Belén Esteban, José Mourinho o José Luis García Martín: clods. Those who compose lists, in the hope that the list will make a poem: complete idiots. Those who strive for certainties, when the only certain thing is death: clots. Those who go whoring: idiots. Those who celebrate participation, insidership, professions, doctrines, authority, the warmth of belonging: boobies.

* * *

Todo se acerca a su ser,
pero no sé a dónde va. Todo se enarca,
se sumerge en sí, se amplifica;
todo se adentra en su respiración o en su muerte,
que es otra forma de respirar —con los huesos,
con el olvido—, como si reconociera la devastación
que transporta, el dolor que se abraza
a su espinazo, la sombra
que se proyecta en cada calle recorrida,
en cada desengaño padecido. Vuelvo a
identificar las cosas por su nombre, como si nunca
se hubieran ido. La mano se llama
ausencia, y escribe. Los labios se llaman lluvia,
y terminan. La oscuridad acumula sílabas,
sin desembocar en vulva, sin incurrir en la luz. Los fuegos que entreveo
son los fuegos a los que di cuerpo, pero amortajados en sueño,
derrengados de mar, embarrancados
en objetos que no se someten a mi autoridad
y en personas que no me aman.
Y, aun así,
        los aguijones transmiten sosiego,
con el que me ducho todos los días,
con el que busco algo de comer en la nevera,
con el que me pregunto por qué se enciende la luz
o por qué soy cruel con quienes amo;
y el mal, rizomático, cobra dimensiones de granizo,
alcanza la textura
abrasadora
        de lo fugitivo.
Me consuela este lago de familiaridades oscuras,
por el que se deslizan gusarapos benignos,
insectos transformados en vírgenes;
                sus aguas,
atravesadas por el cuchillo de la monotonía,
permanecen intactas.
A sus orillas —a este despacho,
a esta mesa— arriban, con fidelidad
de akitas, poemarios
que nunca leeré,

Everything seeks out its being,
but I don't know where it goes. Everything rears up,
dives down into itself, grows;
everything withdraws into its breathing or into its death,
which is another form of breathing – in the bones,
in oblivion – , as if it acknowledged the devastation
it bears, the pain clinging to
its spine, the shadow cast
in every street we go down,
by every blow received. Again
I find the names of things, as if they hadn't
ever gone away. The hand's name
is absence, and it writes. The lips
are called rain, and come to an end. The darkness
gathers syllables, but never disembouches
into vulva, nor enters into light. The fires I glimpse
are fires I made flesh, but shrouded now in sleep,
sea-wracked, beached objects
beyond my control, people
who have no fondness for me.
Yet, still
        the barbs transmit tranquility,
and in this peace I shower every day,
I look for something to eat in the fridge
and wonder why the light comes on
or why I am cruel to those I love;
and, evil, a rhizome, assumes the form
of hailstones, sears like the touch
                          of the fugitive.
This lake of dark familiarity consoles me;
friendly tadpoles swim in it,
insects transformed into virgins;
                    its waters
cut through by the blade of monotony
remain intact.
Onto its shores – this study,
this desk – drift, loyal as akitas,
books of poetry
that I won't ever read,

      insomnios vigorosos
dedicados a la disección de las sombras
y los pronombres,
      días macerados
en el odre del trueno y la apatía
          hasta que fermenten las ilusiones,
o gastados en el escrutinio imposible de los pájaros que me sobrevuelan
y de la carcoma que me consume,
dolencias arraigadas
en el humus
volátil
de las horas.
    Todo vuelve a ser mío,
como si alguna vez lo hubiera poseído,
como si fuera posible poseer algo,
aun sin manos,
     aun sin estas manos ausentes
que sujetan el lápiz con el que regreso
         al silencio,
con el que me impongo esta mordaza de papel.
Esto es lo que ha sido,
lo que será: úlcera, ungüento,
soy.
  Y susurra lo que creía aterido de distancia,
lo que he deseado, infinitamente, que no se manifestara.
Ahora, interminablemente, el silicio percute
en el silencio, y las criaturas del miedo
se acomodan en los tímpanos, y todos los ruidos concebibles
se refugian en la mirada, y el rojo
de los años se encallece hasta dorarse
de impotencia, y nada sobrevive
a la agonía.
    Todo grita, porque todo quiere crecer:
en este aquí, ocupado por las cosas, en el que solo soy otra cosa,
y no la menos ambigua;
      en esta hiperplasia de lo uno,
que abarca lavavajillas y glándulas, ascensores y escarabajos,
albaranes y cánceres,
que se disemina entre grandes manifestaciones

                         vigorous insomnias
dedicated to the dissection of shadows
and pronouns,
            days macerated
in a wineskin of thunder and listlessness
                                 until the dream ferments,
or wasted in impossibly scrutiny
of the birds above me and the worm within,
sickness rooted
in the volatile
humus
of hours.
         Everything is mine again,
as if it belonged to me once,
as if you could hold onto something
even with no hands,
                 even without these absent hands
gripping the pencil, dragging me back
                                to a silence,
clinging to my mouth like a paper mask.
This is what I was and I will be:
sore, ointment,
me.
    And I hear the whisper of what I thought
frozen by distance,
what I fervently hoped would never come to light.
Now the silicon beats endlessly
through the silence, and the creatures of fear
settle in the ear-drum, and every conceivable tumult
takes refuge in the eye, and the red of years
is stilled and gilds itself
with impotence, and nothing survives
the agony.
           All cries out, because all desires to grow:
in this here and now, full of things, where I am just one thing,
and not the least equivocal;
                     in this hyperplasia of the individual,
containing dishwashers and glands, lifts and beetles,
invoices and cancers,
spreading with every sign

de abulia,
        que prohíja imágenes ininteligibles
y seres a los que no reconozco,
aunque me llamen
padre,
aunque me confieran
su luz.
Me encuentro cómodo
entre terrores. Me unto con esta calma
que me roe. Dejo los pies en el aire
y las gafas en el suelo. Me abismo
en la superficie
        como si comiera pan
y ese pan tuviera edad,
o fuese incendio,
o fuese yo.
        Me educo en este estar
execrable, que se proclama en la insuficiencia
de las pupilas
y en el malestar
        de los verbos. Me apacigua
la servidumbre barbitúrica con la que me rindo al sueño,
la inquina con que digo «buenos días» o «el informe está casi acabado»,
la impasibilidad con que soporto
que me pudro.
Aquello a lo que me acerco
        se aleja,
pero se pertenece con más ferocidad a sí mismo,
es más lo que es, humo o beso,
        sonrisa o esclavitud,
y se arropa con los instantes que constituyen su metáfora
y sus intestinos,
        se acendra, desvaneciéndose.
Lo toco y, paradójicamente, es tocado;
pero no lo alcanzo: muerto, me sonríe.

* * *

of boredom,
              adopting incomprehensible images
and people I don't recognise,
though they call me
Father,
though they bestow on me
their light.
              I find myself at ease
with horror. I anoint myself
with this corrosive
calm. My feet are in the air
and my glasses on the floor. I drown
in surfaces
         as if I ate bread
and the bread was old,
as if it were fire,
or were myself.
              I train myself in this hateful
existence, announced in
the inadequacy of my pupils,
in the unease
              of verbs. I am soothed by
the drugged servitude in which I surrender
to sleep, the grudging way I say
'Good Morning' or 'I've just about finished the report',
the detachment with which I bear
my decay.
What I seek
          flees from me,
but belongs more fiercely to itself,
is more the thing it is, smoke or kiss,
                          smile or serfhood,
and it wraps itself in its own metaphor
or its intestines,
              and becomes more pure as it vanishes.
I touch it and, paradoxically, it is touched;
but I can't reach it: it smiles its dead person's smile.

                         ★   ★   ★

Elogio del jabalí

> *España es una viña devastada por los jabalíes del laicismo*
> Benedicto XVI, Obispo de Roma, Vicario de Cristo, Sucesor del
> Príncipe de los Apóstoles, Príncipe de los Obispos, Pontífice Supremo
> de la Iglesia Universal, Primado de Italia, Arzobispo y Metropolitano
> de la Provincia Romana, Siervo de los Siervos de Dios, Padre de los
> Reyes, Pastor del Rebaño de Cristo, Soberano del Estado de la Ciudad
> del Vaticano y, hasta 2006, Patriarca de Occidente
> [Joseph Aloisius Ratzinger, Inquisidor General entre 1981 y 2005]

Ha venido a restaurar la viña devastada por los jabalíes. A mí me gustan los jabalíes: su salvajismo sin ambages, su ferocidad rectilínea, su despreocupada aceptación de lo que son; y me gusta su cabeza, sola o cubriendo una rebanada de pan con tomate. Los recuerdo en Azanuy, cuando los cazadores los traían de la sierra, abatidos, y los colgaban de un gancho en la calle, a la puerta de sus casas, para que admiráramos su proeza. Allí se quedaban los suidos, flojos como títeres sin hilos, con la cabeza derrengada y un boquete en la tripa, circundado por una sangre que olía a romero, y el morro entreabierto, por el que asomaban los berbiquís pavorosos de los colmillos y el triángulo rusiente de la lengua. Y yo sentía, en aquella fuerza descabalada, la representación de mi propio fracaso: la vulnerabilidad de los músculos y las justificaciones, la endeblez de cuanto edificamos para protegernos, el esqueleto de la nada. Los jabalíes devastan los sembradíos, es cierto, pero solo para alimentarse o esconderse: su acción es individual, o, a lo sumo, familiar; lo cultivado, en cambio, exige el sacrificio de muchos, no siempre partícipes de su provecho, y se alimenta de mierda, y estraga la tierra que lo amamanta. La voracidad del jabalí no es superior a la de la viña: aquel come para sobrevivir, en una tarea exigua y singular; esta esquilma el suelo, consume recursos y esperanzas, e irroga a la naturaleza los perjuicios de la explotación intensiva, y a los hombres, los de la propiedad privada. El jabalí es lo entero, lo beato, lo axiomático: el jabalí se comporta como un cerdo, porque *es* un cerdo: no lo disimula, a diferencia de la viña, que procura una devastación más sutil: la que se camufla en arquitectura; la que justifica una ebriedad metafísica. La viña es lo alquímico, el artefacto, lo dual: lo que desmineraliza lo real, la solidificación de una entelequia, el bálsamo de la borrachera. Los jabalíes consumen lo que ven: vides, batracios, planetas. Y lo hacen hincando el marfil negro de sus incisivos

In Praise of the Wild Boar

> *Spain is a vineyard laid waste by the wild boars of secularism*
> Benedict XVI, Bishop of Rome, Vicar of Christ, Successor of the Prince of Apostles, Prince of Bishops, Supreme Pontiff of the Universal Church, Primate of Italy, Archbishop and Metropolitan of the Roman Province, Servant of the Servants of God, the Father of Kings, Shepherd of the Flock of Christ, Sovereign of the State of Vatican City and, until 2006, Patriarch of the West
> (Aloisius Joseph Ratzinger, Inquisitor General from 1981 to 2005)

He has come to replant the vineyard devastated by wild boars. I like boars: their no-nonsense savagery, their unhesitant ferocity, their carefree acceptance of who they are; and I like their heads, in themselves, or on a piece of bread with tomato. I remember in Azanuy, when the hunters brought them down from the mountains and hung them on hooks by their front doors, for us to admire their prowess. There they hung, the swine, floppy like puppets unwired, with their lifeless heads and a hole in their guts, surrounded by blood smelling of rosemary, with their snouts gaping, through which protruded fearsome fangs like carpenters' braces and a red triangle of tongue. And I saw, in that amputated strength, the image of my own collapse: the flimsiness of my muscles and motives, the debility of the ramparts we build to protect ourselves, the skeleton of nowhere. The boars lay waste to the corn, true enough, but all they seek is food or shelter: they act from instinct or, at most, herd instinct; but farming demands the sacrifice of many, you don't always get your share of the harvest, and its fields are fed with shit, and it ravages the land that suckles it. The wild boar's voraciousness is no greater than the vineyard's: the former eats to keep itself alive, a basic task; the latter impoverishes the soil, consumes resources and illusions, and damages nature by the evils of over-exploitation, and man by the evils of private ownership. The boar is whole, blessed, axiomatic: it behaves like a boar because it is one: it doesn't pretend to be anything else, but the vineyard seeks a more subtle destruction: one camouflaged as architecture; one encouraging a drunkenness of the soul. The vineyard is alchemy, artifice, duality: whatever saps reality, and coagulates dreams, the balm of alcohol. The boars consume what they see: vines, amphibians, planets. They do so by driving their black ivory incisors into the flesh of the here and now, into the fact of the laden vine or the suffering that suffocates us, the

en la carne del aquí, en la evidencia de los pámpanos que cuelgan o del sufrimiento que nos ahoga, de la tierra que se traga los cadáveres y la lluvia, o de la ausencia que se traga a los hombres. Las viñas crean el fantasma del orden, el alivio sonámbulo de que haya fruta o vino, la ceguera deliberada de que las estrellas envejecen, y los afanes son insignificantes, y lo eterno, provisional. No hay jabalíes ensoberbecidos por la humildad, ni partidarios de una eternidad insoportable [«Rechaza otro existir, tras consumida/ mi ración de este guiso indigerible./ Otra vez, no. Una vez ya es demasiado», escribió felizmente Fonollosa], ni catecúmenos de laboriosos mistagogos: sus misterios son los de la viña, los de la vida. El lenguaje de los jabalíes es un lenguaje cazcarriento, engualdrapado de pelo, sin otro propósito que el de ser jabalí, con la debilidad propia de su vigor irracional, con la tragedia de tener cuatro patas y una muerte, con el dolor de las pezuñas cuando huye y el placer del falo cuando se aparea, es decir, cuando se asegura de que haya más devastadores de viñas, menos códigos sembrados, menos refutaciones de que el hambre es solo necesidad de energía, y el corazón, un músculo momentáneo, y la trascendencia, una invención del miedo; y de que el infinito existe, y se llama jabalí. El jabalí no se compadece: actúa, según lo que perciba, con toda su irrelevancia y su grandeza, con su plenitud y su animalidad. El jabalí no atribuye significados morales a los hechos de la naturaleza, ni, por lo tanto, cercena la vastedad de lo posible con la chirla de sus limitaciones. El jabalí no establece metáforas maniqueas, ni se pronuncia contra otros hijos de la creación, ni otorga carácter objetivo a la presencia de un mal que solo existe en su conciencia. El jabalí no banaliza el amor, generalizándolo industrialmente. El jabalí es paciente, no tiene envidia, no presume ni se engríe; no lleva cuentas del mal, porque no conoce el mal: porque el mal no le ha sido impuesto; el jabalí no se alegra de la injusticia, sino que goza con la verdad de su ser devastador, de la viña devastada, de su saludable devastación. Y no tiene miedo: reacciona, pronto al combate o a la huida, sin considerar la humillación del premio ni la desproporción del castigo, sin reconocer siquiera la infamante existencia de un juez. El jabalí no reprende, no adoctrina, no episcopa, porque el tiempo es esa viña que devora, el presente de esa viña mortal, que enciende de vida sus entrañas. El jabalí no se engaña, ni obedece, ni se transustancia: solo mastica los granos de uva con la certeza de que ese alimento es su presente y su eternidad. El jabalí no ha sido domesticado, ni conoce la afrentosa logomaquia de la enología, ni bebe de otro cáliz que el cáliz de su pecho ancho, y su falo

land that swallows bodies and rain, or the absence that swallows men. The vines create the ghost of order, the sleepwalker's relief that fruit or wine exist, the willed blindness that stars age and desire is trivial, and the eternal, temporary. No boar is conceited of his humility, or an enthusiast for intolerable eternity ("Refuse to live again, once eaten your share / of this indigestible stew. / Not again, no. Once was too many times", as Fonollosa writes so well), or a catechumen of wordy mystagogues: its mysteries are those of the vineyard, those of life. The language of the boar is a mud-bespattered language, caparisoned with fur, with no other purpose than wild-boarness, with the weakness implicit in its irrational strength, with the tragedy of having four legs and one death, with pain in his hooves when he flees, and pleasure in his phallus when he mates, in other words, when he ensures that more vineyards are laid waste, fewer codes sewn, fewer denials that hunger is only lack of energy, and the heart muscle momentary, and transcendence an invention of fear; and infinity exists, and is called boar. The boar doesn't waste time on self-pity: he acts according to what he experiences, in all its irrelevance and grandeur, in all its plenitude and bestiality. The boar attributes no moral meanings to natural phenomena, and so doesn't sever, with the knife of his limitations the vastness of possibility. The boar does not coin Manichaean metaphors, or prate against other sons of creation, nor does he confer an objective reality on evils only present in his own consciousness. The boar doesn't vulgarise love with vast generalities. The boar is patient, does not envy, does not boast, is not puffed up. He takes no account of evil, because he doesn't know what evil is: because the idea of evil has not been foisted on him; the boar does not rejoice in wrongdoing, but rejoices in the truth of his devastating selfhood, in the vineyard laid waste, and in the rightness of its destruction. And he is without fear, reacts quickly, fight or flight, regardless of the humiliation of reward, or of disproportionate punishment, ignorant even of the diabolical existence of judges. The boar doesn't condemn, or indoctrinate, or legislate, because time is the vineyard he devours, the present is the deadly grape, burning with life-giving fire in his belly. The boar won't be fooled, won't obey, won't transubstantiate; he just masticates grape-seeds, sure that this food is his present and his eternity. The boar isn't domesticated, and he knows nothing of the fancy vocabulary of oenology, and he drinks from no chalice but the wide chalice of his breast, and his incisive phallus, with its irreproachable fragility. The boar, unlike the vineyard, is self-reliant, relies on his

incisivo, y su irreprochable fragilidad. El jabalí, a diferencia de la viña, depende de sí, de la astucia con que sobrepuje al viticultor, sin su salmodia agropecuaria. La viña, en cambio, late con una armonía impostada: la del designio, el mismo que impele a los teólogos y a los chamarileros. Es reconfortante embutirse en la coraza del orden, inocularse razón. Pero es la razón de los manicomios, adicta a las benzodiacepinas eucarísticas, como si la realidad fuera algo distinto de lo que podemos aprehender, como si la locura necesitase de una exégesis que la atemperara, como si debiéramos aplaudir que, en lugar de un roble, o un volcán, o nada, haya ingeniería, o arcángeles, o vida. Los jabalíes observan un comportamiento sociable, que incluye relaciones intergeneracionales solidarias, como que los escuderos, los ejemplares jóvenes, acompañen a los macarenos, los más ancianos del grupo, para aprender de su experiencia, a cambio de sus cuidados; los jabalíes son afectuosos y abnegados con su prole; aman a las jabalinas con denuedo, hasta olvidarse de comer; entierran semillas y esponjan el suelo al hozarlo, en busca de tubérculos o lombrices, favoreciendo que se humedezca y, por lo tanto, que germine; ayudan a controlar las poblaciones de roedores, insectos y larvas perjudiciales; y mueren con violencia, y hasta con crueldad, a manos de los cazadores, muchos de los cuales son católicos. Los jabalíes son moralmente superiores a los católicos, que abandonan a sus mayores en asilos pestilentes o en gasolineras de autopista, maltratan a sus hijos o sus mujeres, y cometen adulterio o fornican con rameras o compañeras de trabajo. Los jabalíes no solo comen las uvas de las viñas: son omnívoros, más aún, son teófagos, y en esto se equiparan a los católicos: devoran todos los signos de la creación y, con ellos, al creador mismo. Los jabalíes decoran con sus cabezas —esas que previamente nos han proporcionado la gloria de su embutido— los vestíbulos de los viticultores, y nos miran, desde su altura asesinada, con el estupor glaseado de sus ojos de cristal y su lengua equilátera. ¿Por qué?, parecen preguntar, ¿por qué cultiváis estas viñas obstinadas, que no tenemos más remedio que devastar, que os enajenan, recluyéndoos en la quimera de una vida perdurable, en el redil de la obediencia al padre, con su abominable amor —que os ha condenado a la enfermedad, a la vejez y la muerte—, envileciéndoos de simetría y de trabajo, llenándoos de esperanzas inverificables, confinándoos en las fronteras artificiales de la viña o en la viña sin huríes de ultratumba? Los jabalíes no se dejan sobornar: no esperan retribución por devastar la viña. Lo hacen porque han de hacerlo, porque no saben hacer otra cosa, porque es propio y encomiable y natural que un jabalí

cunning, to triumph over the farmer, without his agribusiness hymn-sheet. The vineyard, however, throbs with a phoney harmony: design, the watchword of theologians and shysters. It's comforting to cram yourself into the breastplate of order, to inject yourself with reason. But it's the reason of the madhouse, addicted to communion wafer tranquilisers, as if reality were something different from what we can in fact see, as if madness needed a diagnosis to calm it, as if we should be delighted that, instead of an oak, or a volcano, or nothing, there came into being engineering, or archangels, or life. Boars are social animals, with good relations between generations; the young keep company with the very old and benefit from their experience, and take care of them. Wild boar are affectionate and devoted to their offspring; they make love so valiantly to their females that they sometimes forget to eat; they bury seeds and turn over the soil as they root in it for tubers and worms, and this allows moisture to travel through it, and so aids germination; they keep down the numbers of rodents, insects and harmful larvae; and they die violently, even cruelly, at the hands of hunters, many of whom are catholic. Boars are morally superior to catholics who abandon their elderly in stinking nursing homes or at motorway service stations, abuse their children or their wives, and commit adultery or fornicate with prostitutes or colleagues. Boars not only eat grapes from the vine: They eat everything, more than this, they practice theophagy, much as catholics do: they devour any sign of creation, and thereby devour the creator himself. Boar-heads (those same boars who were once the glory of our table) ornament the vine-growers' walls, and they stare down at us, from their murdered height, with astonished glassy eyes and equilateral tongues. Why?, they seem to ask, why cultivate these stubborn vines we have no choice but to lay waste, the vines that drive you mad, imprisoning you in the chimera of everlasting life, in the fold of obedience to the father, with his abominable love, which condemns you to illness, old age and death, grinds you down with symmetry and work, fills you with hope unverifiable, confines you within the artificial limits of the vineyard, or in the houri-less vineyard beyond the grave? Boars can't be bribed: don't expect a reward for laying the vineyard waste. They do it because they must, because it's all that they know, because it's right and proper and natural for a boar to lay waste to vines, though he doesn't what he's doing or why: this ignorance also defines the boar. He will die, the vines will die, and the vine-grower, his grandsons and great-grandsons too will die, the world will end in a howling witches'

devaste las viñas, aunque no sepa que lo hace, ni por qué: esa ignorancia también es el jabalí. Él morirá, la viña morirá, morirán también el viticultor y los nietos y los tataranietos del viticultor, todo acabará muriendo en un aquelarre inconcebiblemente devastador de acontecimientos siderales, indiferentes a los jabalíes y a las viñas que hayan devastado, como la conclusión previsible de este transcurso sin otro sostén que la inestabilidad, sin otra certidumbre que el hombre y el hambre, que el fuego y la extinción.

Coda

Durante siglos, la Iglesia ha sido el jabalí que devastaba la viña de la libertad de conciencia y el espíritu crítico. [Aún hoy, hinca todo lo que puede las pezuñas en el predio de la ciudadanía]. De haber vivido entonces, habría compuesto un elogio de la viña.

sabbath of devastating planetary events, indifferent to the wild boar and the vines he laid waste, as the foregone conclusion of this process with no underpinning but instability, no certainties but man and famine, fire and extinction.

Coda

For centuries, the Church was the boar ravaging the vineyard of free-thought and free-speech. (Even today it does everything it can to trample down the layman.) If I'd lived in those times, I'd have written in praise of the vineyard.

De *Dices* (2013, 2014)

[...]

Te has caído, Eduardo, en el mismo punto que ocupabas antes de caer: querías trascender esa identidad, como la abeja quiere trascender el pétalo, como el supliciado quiere trascender el dolor. Pero un punto es siempre el lugar al que no llegamos, Eduardo, la estructura cuyo principio es siempre, el perímetro sin final.

Y ahí, Eduardo, donde creías que había un vientre bueno, un espacio sin adarves ni esporas, encuentras una boca que sugiere otro tú, un dictamen de ti, un cardumen de sombra, leche luctuosa, lubrificada por la maldad.

Y esa boca procura lo indecible, lo que nunca sonríe, lo que nunca habrías querido oír, que aquí concurre como una medusa calcárea, bañada de noche, empapada de sinrazón, ahíta de hogueras tenebrosas, humillada por el sacerdocio de la intransigencia, amortajándose en discurso, desnucándose de hiel, sin el hígado de los pájaros, sin la aureola de lo que hemos sido despojados, encaramada a las profundidades de un número que aún no ha sido formulado.

Esa boca, Eduardo, eres tú, y esa boca vaticina, se dilata como una nube que fuese también una cueva, esa boca configura la oscuridad como una incisión candente en el vientre de la misericordia.

> *El régimen iraquí tiene armas de destrucción masiva.*
> José María Aznar López, presidente del gobierno

Dices, Eduardo, que tus huesos son huida. Tus vértebras no sostienen sino el artificio del relámpago. La voz carece de huesos.

Dices que la metáfora oculta la sangre. (La sangre es metáfora de la muerte).

Dices que esta noche has pensado en ella, siendo ella otra, cualquiera, tú; siendo muchas, nadie, siendo nunca.

Dices que lo incivil tiene asiento en la exudación que depositas en la voz, en el timbre con que apelas a los espejos.

from *You Say* (2013, 2014)

[…]

You've fallen, Eduardo, back to exactly where you were before you fell. You wanted to transcend, to get beyond yourself, as the bee the petal, the sufferer his pain. But that's a place we can't get to, Eduardo, the structure whose principle is forever, the endless perimeter.

And there, Eduardo, where you thought there was a good belly, without ramparts or spores, you find a mouth that suggests another you, an opinion of you, a shadow school, mournful milk, oiled by evil.

And that mouth provides the unsayable, the unsmiling, the unlistenable-to, its presence here like a stone medusa, bathed in night, soaked in wrong, queasy with dark bonfires, humiliated by the priesthood of intransigence, shrouding itself in discourse, breaking its neck with bile, without birds' liver, without the halo of all that has been stolen from us, raised to the depths of a number not yet formulated.

You, Eduardo, are that mouth, and that mouth prophesies, expands like a cloud which is also a cave, that mouth shapes the dark like a white-hot incision in the belly of mercy.

> *The Iraqi Regime has weapons of mass destruction.*
> José María Aznar López, Prime Minister

Eduardo, you say your bones are flight. All your vertebrae sustain is the cunning of the lightning-bolt. A voice is boneless.

You say metaphors hide blood. (Blood is a metaphor for death.)

You say you thought of her tonight. Her as someone else, anyone else, as you yourself; as many women, as no-one, as never.

You say incivility is a sediment oozing from your voice, oozing from the timbre you use when you look in a mirror.

Dices que, ante el espejo, cada mañana, todo dardo se clava en ti.

Dices que no estás seguro de amar al aire, al dolor, a los hijos.

> *El gobierno español solo habla con terroristas, homosexuales*
> *y catalanes. A ver cuándo se decide a hablar con gente normal.*
> Federico Jiménez Losantos, periodista

Dices, Eduardo, que la carne no te construye ni te basta, que la calcificación del tejido es una añagaza de la fragilidad, que nada con lo que penetras alcanza su objetivo, porque carece de corazón, porque no se anuda a tus llagas.

Dices que, cuando amas, te ensombreces.

Dices, la boca dice, tu descomposición habla como si te estuviera moldeando, como si introdujera en tus articulaciones flores de metralla, como si arrancara de ellas partículas de mundo, asuntos espectrales.

Dices, Eduardo, te dices, te acumulas, te sustraes al viento y al tiempo, te retrotraes a lo que no era pólvora ni boca, a lo que se asomaba a tus ojos con la esperanza de descubrir otro cuerpo, otro yo, en el que volcar una inocencia devastadora.

Dices que el agua que bebes se transforma en tinta, pero que la tinta, después, se convierte en lava.

Dices, Eduardo, que el Adagio para cuerdas de Barber, que ahora escuchas en la radio, es lunar, pero la luna no fecunda ni perece: solo baliza el vacío; la luna persevera en su senectud blanca, adoquina el firmamento.

[...]

You say each morning, when you face the mirror, every dart sticks into you.

You say you don't know if you love the air, your pain, your children.

> *The Spanish Government only engages with terrorists, homosexuals and Catalans. Let's see if one day they get round to talking to normal people.*
> Federico Jiménez Losantos, journalist.

Eduardo, you say you're not just your body, nor is your body enough for you, the calcification of tissue is just a ruse of weakness, nothing you use to penetrate reaches its target, because it lacks a heart, because it's disconnected from your wound.

You say when you love, a darkness enters you.

You say, the mouth says, your decomposition speaks as if it were moulding you, as if it inserted flowers of shrapnel in your joints, as if tore from them particles of the world, ghost matter.

You talk, Eduardo, you talk to yourself, you gather yourself up, you subtract yourself from the wind and from time, you drag yourself back to what was neither gunpowder nor mouth, to what rose in your eyes in the hope of discovering another body, another self you might fill with a devastating innocence.

You say the water you swallow turns into ink, but then the ink turns into lava.

Eduardo, you say that Barber's *Adagio for Strings*, playing now on the radio, is lunar, but the moon is barren and eternal, it only revolves like a lighthouse beam in the void; the moon maintains its white senility, it paves the firmament.

[...]

De *Décimas de fiebre* (2014)

El tiempo no es un fluir,
sino una prisión. Roído
por el tedio, anochecido
de inmovilidad, sentir
es solamente asentir
a esta indolente morada
en la que ya vivo, espada
que hiende lo que no existe.
Días, años, horas: quiste
que envenena la mirada.

* * *

Me extinguiré. La certeza
de la muerte me acompaña
incluso cuando araña
la mano afín la cabeza
que ingiere, con fiereza,
la atalaya encabritada
entre las piernas. Callada,
vive la noche en mis días;
carnal, hinca sus gumías
en mi carne condenada.

* * *

Quienes pasan a mi lado
son coágulos transparentes
de materia, excedentes
de un mundo apesadumbrado
de vacío. Mas su estado
es el mío: intraducible
a insumisión, inaudible
por los ojos, inamante.
Morir será redundante:
yo también soy invisible.

from *Fever, Decimas*

Time is by no means a river,
but rather my gaoler. Gnawed
by a vast boredom, and floored
by the nightfall of stasis, I quiver
assenting, a believer
in this palace of indolence
my dwelling, and my sword,
rending all that won't exist.
Days and hours and years, a cyst
poisoning my pure glance.

* * *

I know one day I shall be dead.
My certain death is with me when,
clenching, unclenching, clutching again,
my hand hovers near the head
of the amazon swallowing
the vigilant watch-tower rearing
at my groin. Without a word,
night haunts my days; a cannibal
it fixes its scimitars hard
in my decaying flesh.

* * *

The people who pass by me
in the street are transparent
coagula of matter, surplus to
the sorry world, and burdened
with void. But their status
is my own, untranslatable
to insubordination, inaudible
to vision, unloved, unlovable.
To die will be redundancy
for I too am invisible.

* * *

Allende la sinrazón
de oscuros jurisconsultos
y dictámenes estultos,
tras esta mutilación
diaria y esta sumisión
a tanta insignificancia,
brilla con perseverancia
otro sol, y otros caminos,
celestes o submarinos,
me convocan a la errancia.

* * *

Quien afirma, teme; vive
sin miedo, en cambio, el que cree
sin certezas y descree
sin negación. Sobrevive
aquel con su fe; pervive
este en la seguridad
de que urdir una verdad
—hasta estos versos, que anudo
con torpeza— es un escudo
contra la fatalidad.

* * *

Este instante permanece
en la plenitud carnal
de su ocurrir; no es letal,
ni claudica, ni perece
como el alma, que abastece
de esperanza y, de esta suerte,
nos llena de nada. Es fuerte
el cuerpo, imperecedero;
al espíritu, empero,
solo lo colma la muerte.

* * *

Beyond the senselessness
of labyrinthine lawyering
and stultifying sentences,
after the daily crippling
tedious subordination
to such meaninglessness,
there shines unflinchingly
a brighter sun; and other ways,
celestial or undersea,
beckon me to errancy.

* * *

The affirmer lives in fear,
unlike the dubious believer
who disbelieves but won't deny
and fears not. The affirmer
survives in all good faith.
The doubter is still confident
that to weave a certain truth
(even these verses I knit together
fumblingly) constitutes a shield
against fate.

* * *

This moment lives forever
in the bodily fulfilment
of its being; it isn't fatal,
it doesn't falter, or perish
like the soul, which nourishes
with hope, inflates us
with emptiness. It's strong,
the body, eternal; unlike
the soul, which is bloated
only with death.

De *Muerte y amapolas en Alexandra Avenue* (2017)

Solo, alguien, una sombra calcárea,
un acto como extinguirse,
algo en el aire.
                  Solo, uno, huyendo,
dentro de la huida, en un arboleda de alquitrán:
horas sin amparo, en el centro del frío,
                                        desoídas por la luz.
Solo, en el seísmo del silencio,
a este lado del agua,
ácueo,
      solo,
y una columnata de fuego en la otra orilla,
fronteriza como unos labios entreabiertos,
                                    pero sin más frontera que el tránsito,
hostigado por insectos que son peces que son hombres
que son nada,
por la crueldad de que nadie oiga,
por lo espectral.
                    Esa luz, que no miente.
Esa luz que se adhiere a su descomposición,
siendo hiel, siendo nadie,
instantánea como lo perenne
                          que la acucia,
siendo asfalto,
hierro, claridad,
            noche,
                transparencia,
suelo apenas, aunque ilimitado, para tanto ser
solo.
      Dos puentes. Hielo oscuro. Luz asilada
en la levedad.
              ¿Qué ahogados caminarán con él,
tan solos como su sombra,
como su sombrero despeinado,
enraizados en la marea,
en la tierra deshuesada de la marea?

from *Death and Poppies in Alexandra Avenue* (2017)

Alone, a chalky shadow, anyone,
an action like extinction,
something in the air.
                      Alone, one person, fleeing,
inside flight, in a grove of tar:
unsheltered hours, in the heart of cold,
                                    ostracised by light.
Alone, in the silent earthquake,
on this side of the water,
aqueous,
        alone,
and a colonnade of fire on the other shore,
marginal as open lips,
                          but no more marginal than traffic,
plagued by insects which are men or fish
or nothing,
by the cruelty of no-one to hear,
by ghostliness.
                      That light, it doesn't lie.
That light adhering to its decomposing,
being gall, being no-one,
instantaneous as the changelessness
                                harassing it,
being asphalt,
iron, daylight,
            night,
            transparency,
barely a surface, though limitless, for so much loneliness.
Two bridges. Black ice. Light taking refuge
in lightness.
                Which of the drowned will walk with him,
lonely as his shadow,
as his unruly hat,
rooted in the tide,
in the boneless earth of the tide?

¿Cuántos solos ensolándose, aislados,
                              asolados,
en esta avenida febril de árboles, cuyo único final
es carecer de final, cuya sola misericordia
consiste en persuadir al caminante de su existencia,
aunque nadie sepa que existe;
o en el cielo, cuya negrura colinda con la tierra,
y escarba en ella, y sangra de sus dedos tenebrosos,
como los pasos que da,
en soledad,
el hombre solo?
             Por el cielo andan otros hombres
como espigas fugaces, como espinas aéreas,
que se suman a la nada
del río y del tiempo
y del yo.
      Solos.
            Heces de pie, agua de pie, viento de pie,
hombre a cuyos pies acuden los cuervos, y las barcazas, y las botellas vacías,
y el vómito de otros hombres que han estado solos antes que él,
y la estela de cuantos han navegado por este silencio ennegrecido,
pero pies sin hombre,
hombre solo que camina
y muertos que caminan con él,
lenguas que penetran en cuerpos,
                                cosas que penetran en lo invisible,
red de relámpagos que se resuelve en línea.
Solo, ser solo,
         ser que se sabe
porque camina con sus amputaciones
y sus laberintos,
             porque cae
sin descender, por su andar inanimado, que cubre el cemento
con la mortaja de su languidez y el perfume de su soledad.
(La pagoda que ve también está sola. La umbela que la corona
prolonga su soledad como un pecho que se dilatara. El Buda bajo la
                                                  [higuera, solo.
El Buda muerto, solo. A su alrededor, mujeres solas. Y azules de oro. Y
                                                  [un monje

How many isolated lonely
                    desolate souls,
in this hectic avenue of trees, whose only end
is endlessness, whose only mercy is
to convince the one who walks there it exists,
though its existence is known to no-one;
or in the heavens, whose black touches the earth,
digs into it, and bleeds from dark fingers,
like the steps taken, in solitude,
by the solitary?
                Other men walk through the sky
like ears of corn, like aerial thorn,
augmenting the nothing
of the river, of time,
of oneself.
        Alone.
                Scum, wind, water,
walking, men around whose feet there swirl
crows, barges, empty bottles and the vomit
of their ancestors in loneliness,
and the wake of all who sailed this grimy silence,
but feet with no men,
a lonely man walking
and dead men walking with him,
tongues penetrating bodies,
                        things penetrating
the invisible,
mesh of lightning melting into line.
Alone and lonely creature
                self-known because
he walks with his amputations
and labyrinths,
            because he falls
without descent, his gait inanimate covers
the concrete with the shroud of his listlessness,
the aroma of his solitude.
(Sees a pagoda. It is lonely too.
Its finial resembles an engorged breast
The Buddha under the Sacred Fig Tree, lonely.
The dead Buddha, lonely. All around, lone women. And golden tiles.

azafranado que cada mañana pule la soledad de las piedras
con bayetas y oraciones).
                         Ser cuya soledad es
la de las gaviotas que se chapuzan en la tiniebla
o la de los ciclistas que hienden el vacío,
las olas que moldean las orillas
como lengüetazos de cuchillos,
el limo de tantos incendios
                         y tantos naufragios
y tantos árboles que palidecen de negrura,
                                   y que caminan,
como caminan los hombres solos.
Hay una sola barca, dos puentes, muchos coches y un hombre,
pero todos están solos,
               como el mendigo
cuya barba es una, cuyo macuto es uno,
cuya desesperación es una,
que palpa la madera hostil del banco
que pronto será su cama.
Ese hombre solo, alguien
como otro alguien, alguien
solo, alguien uno y único
y nadie,
       a solas con el viento,
a solas con su hambre y su ira
y su morir.
           ¿Hay ahogados en el aire?
¿Se ahoga alguien en la oscuridad?
¿Se ahoga en su propio sudor?
La soledad es un cuerpo frío, cuya frialdad quema.
La soledad esguinza la voz, e infesta los ojos, y deslíe los huesos,
y, cuando ya no queda nada por arrebatar, cuando ha saqueado hasta
                                             [las sombras
del espacio en que se aloja, se vuelve hacia el hombre,
hacia el hombre solo que la contempla
como a la maldad o la nieve,
y le rinde su esqueleto radiante. Y el hombre
se aferra a él, y en su calavera
reconoce su piel,

And a saffron-cloaked monk who every morning polishes the lonely stones
with a chamois and with prayer).
                                A man as lonely as the gulls
diving through the dark, or the cyclists
slicing the void in two, or the waves
whetting the riverbank with tongues like knives,
the slime of so many fires
                    and so many shipwrecks
and so many trees pale with darkening, who walk
                                        like lonely men.
There are one boat, two bridges, many cars, one man,
but all alone,
            like the beggar
with his one beard, his one backpack,
his one despair,
who fingers the hostile wooden bench
which soon will be his bed.
This lone man, someone like anyone
else, another lonely man, one
individual nobody,
                    alone with the wind,
alone with his hunger, his anger
and his dying.
                Are there drowned men in the air?
Can you drown in the dark?
Can you drown in your own sweat?
Loneliness is a cold body, whose coldness burns.
Loneliness scours away the voice, and infests the eyes, and blurs the bones,
and when nothing more remains to be despoiled, when it has looted even
the shadows of the space it occupies, it turns towards the man,
to the lonely man staring at it
as if it were evil or snow,
and gives him back his radiant skeleton. And the man
clings to it, and recognises in the skull
his skin, the bloodied shine
of his smile.
Light, lights,
faeces:
        they mark a no through road, they lead

el brillo ensangrentado de su sonrisa.
Luz, luces,
heces:
     indican un camino que conduce hasta donde no hay camino,
hasta donde el camino se ha transformado en olvido.
Pero no es ese el que sigue el hombre solo, maniatado por sus pies,
con calambres sombríos
          y vergajazos
de luna,
     cuyos dientes aman a la vez que desgarran.
Añicos de luna: más luz,
más sombra en los círculos abrasadores
de estar solo.
(Estar solo: no estar).
Alguien, solo,
con su nombre solo,
y su pudrirse solo,
y su nacerse solo,
      con algas en los ojos,
y ojos en las entrañas, y lunas en la boca,
vagabundo como el vagabundo que ya duerme bajo el edredón de la
nada, arropado por la misma luz errante,
depositario de idénticos estragos —la oscuridad, el latido—
sucesivo como los sauces que dirimen, al otro lado del río,
la arquitectura aciaga de la noche,
          pero solo, uno,
otro, alguien, él, nadie, yo.

[NOCTURNO – 9 DE SEPTIEMBRE DE 2014]

Á. se ha encontrado mal todo el día y no hemos podido salir a pasear por la ciudad, como solemos hacer los fines de semana. Tras muchas horas sentado, necesito moverme: me duele desde la raíz del pelo hasta los dedos de los pies. Salgo a dar una vuelta por el parque de Battersea. No solemos visitarlo de noche: apenas hay iluminación, salvo en los paseos principales, y no se puede disfrutar del paisaje. Además, en algunas zonas es tan intrincado que, a oscuras, resulta fácil perderse. Quizá hoy, con luna llena, la visibilidad sea mejor, pero prefiero no arriesgarme. Voy, pues, hasta los pies del puente Alberto, y me dispongo a

to where the road becomes oblivion.
But the lonely man, his feet in shackles,
with sombre cramp
                      and lunar whiplash,
whose teeth lovingly rip him apart,
won't go down that road.
Moon-splinters: more light,
more shadow in the circles of fire
of being alone.
(Being alone: non-being).
Anyone, alone,
with only his name,
only his decay,
only his being born,
                with seaweed in his eyes,
and eyes in his entrails, and moons in his mouth,
a tramp like the tramp now asleep under his duvet of air,
clothed in the same wandering light,
containing the same havoc – darkness, heartbeat –
consecutive like the willows across the river
resolving the baleful architecture of night,
                                    but alone, solitary,
other, anyone, him, no-one,
me.

[NOCTURNE – SEPTEMBER 9TH, 2014]

Á. felt ill all day and we weren't able to go for a stroll through the city, as we do most week-ends. After sitting down all day, I need exercise: I ache from head to foot. So off I go to Battersea Park. We don't go there after dark: only the main thoroughfares are lit, and you can't see the greenery. Besides, in some places the paths twist and turn, and it's easy to get lost. Maybe tonight, as it's full moon, you could see a bit better, but I don't want to risk it. So I walk as far as Albert Bridge and turn onto the wide riverside avenue of the park, which covers the half-mile to the next bridge, Chelsea. There's no-one much about. There

recorrer la gran avenida fluvial del parque, que se extiende casi un kilómetro hasta el puente siguiente, el de Chelsea. No hay mucha gente. Tampoco la hay de día. En muchos parques de Londres se da esta extraña situación: grandes extensiones de terreno en las que apenas se ve a nadie, mientras muy cerca, en las calles adyacentes, ruge la marabunta. Enseguida veo pasar por el Támesis los barcos discoteca del fin de semana. Cuando llega el viernes, empiezan a surcar sus aguas, además de los barcos restaurante que lo hacen todos los días, las gabarras bailongas. Son chatas, pero suelen tener dos pisos: en el superior, la gente se retuerce al son de estruendos funkies; en el inferior están el bar y los servicios. Me llama la atención el enjambre intermitente de luces azules y rojas, que impacta en la luminosidad mate de Chelsea y raja la lona de la noche. En el agua se reúnen esos destellos violentos y el reflejo de las farolas y los edificios del Embarcadero de Chelsea, al otro lado del río: los primeros son una perturbación; los segundos forman una columnata de luz. Pero tanto unos como otros aparecen enhebrados por los coches que pasan: son solo puntos fugaces, pero todos juntos conforman un bramante de lumbre que los ensarta sin descanso. No es difícil imaginar por qué este paisaje cautivó a Whistler o a Turner: la luz reblandecida, las formas oscuramente transparentes, la quietud salpicada de perturbaciones opalinas. El río está bajo hoy: a ambos lados, una pulpa de limo y piedras configura una playa inhóspita. Cuando los barcos pasan, las olas que levantan —sin espuma: un remedo domesticado de las olas marinas— mueren torpemente en esos lomos de barro. El parque de Battersea, una espesura negra, aparece revestido de una malla de luces: los dos puentes, engalanados por miles de voltios; la tiesura eléctrica de las farolas y la fijeza circulante de los faros de los coches; los barcos y su destellar; las luces de los trenes que vienen del sur hasta la estación de Victoria y que cruzan el Támesis con estrépito rectilíneo; las de los aviones que no dejan de sobrevolarnos; las de las bicicletas que no dejan de circular; las de los aparatos que llevan los corredores que no dejan de pasar, y que miden el ritmo cardiaco, los niveles de glucosa, la distancia recorrida. Todo es tiniebla aquí, pero la claridad se esfuerza por afirmarse: oscuridad rasguñada por la luz. Llego, por fin, al puente de Chelsea, y me sitúo debajo de él. Hay un pasadizo que conecta los tramos del Camino del Támesis a ambos lados de la construcción. Su inmensa mole me cubre como otro cielo, y observo las pequeñeces que la componen: clavos, cables, remaches, barras. Cambiar la perspectiva de lo que vemos es cambiar lo que vemos, y también cambiarnos a nosotros mismos. El puente me parece algo mucho más carnal desde abajo, más vulnerable, casi íntimo. Cuando lo estoy contemplando, pasa otro barco-boîte, cuyo estrépito amplifican sus pilares metálicos. Deshago el camino y vuelvo al Puente Alberto. Cuando alcanzo la Pagoda de la Paz, a mitad del trayecto, me

isn't in the daytime either. It's strange but that's what most London parks are like: great tracts of land almost deserted, while in the nearby streets it's the usual jungle. Straight away I see the weekend party boats going up and down the Thames. On Friday nights, as well as the dinner cruises which happen all week, the disco barges take to the waters. They are barges, but usually double-decker barges: on the top deck people cavort to loud funky beats; below are the bar and toilets. I am hypnotised by the swarm of flashing blue and red lights, battering against the matte luminosity of Chelsea, and slashing the canvas of night. These flashes and the reflection of the lamps and buildings of Chelsea Embankment mingle in the water: the former are an irritation, the latter a colonnade of light. But both seem strung together by passing cars: these are only rushing dots but together they make a rope of light connecting the other light-sources ceaselessly. It's not hard to see why this scene captivated Whistler and Turner: the softened light, darkly transparent forms, stillness punctuated by opaline disturbances. The river is low today: on both banks a soft mass of silt and stones form unwelcoming beaches. When the boats go by, the waves rise – without foam: a tamed travesty of ocean waves – then die awkwardly on the mounds of mud. Battersea Park, a black thicket, appears covered with a mesh of lights: the two bridges, festooned with thousands of volts; the electrical rigidity of the lamp-posts and the revolving fixity of car headlights; the boats and their flashing; the lights of the trains crossing the Thames from the south on their way to Victoria station with their rectilinear din; lights from the planes constantly flying overhead; from the bicycles constantly whizzing by; and from the devices worn by joggers constantly running past, devices to measure their heart rate, glucose level and distance travelled. All is darkness here, but light is trying to impose itself: darkness gouged by light. At last I reach Chelsea Bridge and stand under it. There's a tunnel taking the Thames Path under the bridge. Inside, its immense bulk shelters me like a second sky and I gaze up at its components: nails, wires, rivets, rods. When we change our perspective on what we see, we change both what we see and ourselves. The bridge seems much more human from underneath, more intimate and vulnerable. While I'm contemplating it, another party-boat goes by, its din amplified by the metal pillars. And I retrace my steps to Albert Bridge. When I get to the Peace Pagoda, halfway along, I come across a beggar, old fair skinny, with a pony-tail and a backpack, checking the state of a bench, or maybe how wet it is: he's getting his bed ready. He doesn't look spectacularly destitute, more like a citizen of the world. His clothes aren't in tatters yet, and he isn't dragging about a huge bag with all his pathetic worldly goods, or dragging his feet. The mornings are getting chilly, but it's still not an act of heroism to sleep outside. Though the hellish winter will begin in a

cruzo con un mendigo viejo, rubio, menudo, con coleta y mochila, que comprueba el estado de un banco, o quizá si está mojado: se está preparando la cama. No es un indigente aparatoso: parece más bien un trotamundos. Aún no lleva la ropa despedazada, ni arrastra una bolsa enorme con sus tristes enseres, ni los pies. Las madrugadas refrescan ya, pero todavía no es una temeridad dormir al raso. Dentro de algunas semanas, sin embargo, empezará el infierno invernal, y yo me preguntaré, otra vez, cómo sobreviven los sintecho a la intemperie. El frío, en lo más duro de enero, es aquí insoportable. Sigo caminando y disfruto del sonido casi broncíneo de mis pisadas en la piedra. Paso junto a una pareja, apoyada en la baranda de piedra del paseo, que se masajea con fervor: prologan (o prolongan) el coito. Admiro la delicadeza y, a la vez, el vigor con el que las lenguas se anudan, y exploran las bocas, por dentro y por fuera. Me cruzo también con una pareja de españoles: uno lleva el brazo por el hombro del otro. Hablan con admiración de lo que ven. Cuando llego a Alberto, dejo el paseo central y enfilo el camino que me lleva hasta casa, y que discurre por entre plátanos centenarios. Reparo otra vez en la luna llena, que, tapiada hasta ahora, se asoma por fin a un balcón de nubes: sus hilachas la acenefan, como un medallón, y el satélite brilla con un fulgor satinado. Salgo ya del parque; poco antes, en uno de los quioscos que dan descanso al caminante, he visto a un grupo de jóvenes negros decir mucho fuck y tramar esas cosas que trama un grupo de jóvenes negros, en un parque de Londres, a las diez de la noche. La panda olía a ganja y alcohol. No se han fijado en mí.

few weeks and I'll wonder again how the homeless survive out in all weathers. It's unbearably cold here in January. I walk on, enjoying the almost metallic sound of my footsteps on stone. I pass a couple leaning against the embankment wall. They're massaging each other feverishly, prologuing or prolonging coitus. I admire the delicacy and at the same time vigour with which their tongues knot, exploring each other's mouths, in and out. I also pass a Spanish couple: one with his arm around the other's shoulders. They speak wonderingly about the sights around them. When I get to Albert, I leave the esplanade and take the path that leads me home through ancient plane trees. I notice the full moon again. Hidden until now, it finally shows itself over a balcony of clouds; their threads shape it, like a medallion, and the satellite shines with a satiny glow. I'm leaving the park now; but, moments ago, in one of the shelters, I spotted a group of young blacks saying fuck a lot and getting up to what youth get up to at 10 at night in London parks. The gang smelt of weed and alcohol. They didn't take any notice of me.

www.ingramcontent.com/pod-product-compliance
Lightning Source LLC
Chambersburg PA
CBHW022012160426
43197CB00007B/399